Karl-Markus Gauß

Zwanzig Lewa
oder tot

Vier Reisen

Paul Zsolnay Verlag

1 2 3 4 5   21 20 19 18 17

ISBN 978-3-552-05823-1
Alle Rechte vorbehalten
© Paul Zsolnay Verlag Wien 2017
Satz: Eva Kaltenbrunner-Dorfinger, Wien
Druck und Bindung: CPI books GmbH, Leck
Printed in Germany

MIX
Papier aus verantwortungs-
vollen Quellen
FSC® C083411

FSC
www.fsc.org

»Öffne die Augen und du wirst sehen:
Hier bist du daheim.«

Slavko Mihalić

Inhalt

Meine moldawische
Sehnsucht

Seitdem ich wieder zuhause war, gingen mir die Helden und Gespenster von Chişinău nicht aus dem Kopf. Fast widerwillig war ich in diese Stadt gefahren, an der mich nur reizte, dass niemand, den ich kannte, schon dort gewesen war; doch ungern hatte ich sie wieder verlassen, als wäre ich mit ihr, die mich so herzlich aufgenommen hatte, noch lange nicht fertig. Jetzt wuchs etwas in mir, das ich meine moldawische Sehnsucht nannte.

In der südlichen Altstadt, einem Viertel mit brüchigen, doch schnurgeraden Straßen, die einander in rechtem Winkel schnitten, stand an der Strada Kogălniceanu ein großes Haus, in dem die Fakultät für fremde Sprachen und Literaturen untergebracht war. Hier hatte ich einen Vormittag lang auf der Tagung der Deutschlehrer Moldawiens gesprochen, über mich und die paar Texte, die ich ihnen vorgelesen hatte, und über sie, ihre Stadt und die wenigen Ansprüche, die sie sich noch nicht hatten austreiben lassen. Schräg gegenüber befand sich in einem eingezäunten Garten die weißrussische Botschaft, die von einem strammstehenden Soldaten bewacht wurde. Als ich morgens nach der Fakultät Ausschau hielt, fragte ich ihn, einen Bauernburschen, den man in Uniform gesteckt und das reglose Stehen gelehrt hatte, wo sich die Universität befände. Mit unmerklichem Heben der Augenbrauen hatte er mir die Richtung gewiesen und gelächelt, als ich aus meinem kleinen, nur für diese Reise angelegten Vorrat an rumänischen Wendungen ein paar Dankesworte herausholte, gelächelt auf die kaum wahrnehmbare Weise eines Menschen, dem das Lächeln dienstlich verboten und das ungerührte Starren befohlen war.

Die Deutschlehrer Moldawiens erwiesen sich ausnahmslos als Deutschlehrerinnen, weil der schlechtbezahlte Beruf des Lehrers auch in Moldawien Frauensache geworden war und sich die Männer, die ihn einst ergriffen hatten, längst auf nach Deutschland, Österreich oder sonst wohin gemacht hatten. Die fünfzig, sechzig Frauen, die auf Schultischen im Halbkreis vor mir saßen, kamen nach den ersten, pflichtgemäß fachlichen Fragen bald auf lebenspraktische Themen und wollten wissen, ob ich Kinder hatte und meiner Frau bei der Erziehung und Hausarbeit half, ob ich trank oder regelmäßig arbeitete, wann ich morgens aufstand und abends nachhause kam, ob ich an Gott glaubte.

Mit unserem Gespräch ging die dreitägige Veranstaltung zu Ende, und die Teilnehmerinnen mussten sich mit ihren zur Lesung bereits mitgebrachten Koffern noch zum Busbahnhof in der Nähe des Piaţa Centrală begeben, eines riesigen, dichtgedrängten Marktes, von wo die Busse sie nachhause bringen würden, nach Bălţi oder Soroca im Norden oder südwärts nach Comrat, Basarabeasca, Cahul. Die Hauptstadt liegt beiläufig in der Mitte des kleinen, schmalen Landes, das zu durchqueren viel länger dauerte, als es die Land- und Straßenkarten vermuten ließen, sodass einige der Frauen noch Stunden unterwegs sein würden.

Vier waren sogar aus dem abtrünnigen Transnistrien angereist, jenem Streifen Landes jenseits des Flusses Dnister, den der moldawische Staat noch als sein Territorium betrachtete, während es, auch nach dem Willen seiner meisten Bewohner, doch längst eine russische Exklave geworden war. Aber sogar dorthin fuhren die großen Überlandbusse, die im ganzen Land unterwegs waren, wie auch die in die Tausenden gehenden Kleinbusse für vierzehn, sechzehn Leute, die keinen geregelten Fahrplan hatten, keine fixen Haltestellen, und von denen doch jeder wusste, wo sie per Handzeichen angehalten werden konnten und wohin sie einen brachten. Diejenigen, die Russisch sprachen, nannten sie Marschrutka, die Rumänisch sprachen, nannten sie Rutiera, aber sie alle, Russen und Rumänen und wer sonst noch, der in diesem Land lebte, Bulgaren, Gagausen, Roma, Ukrainer, brauchten diese Kleinbusse, die günstige Tarife hatten und selbst die abgelegenen Dörfer anfuhren.

Müde vom Reden und von der Verabschiedung, bei der mir nacheinander alle Frauen die Hand schüttelten, ihren Namen, ihre Funktion und die Stadt nannten, in der sie lebten und unterrichteten, verließ ich gegen 14 Uhr die Fakultät, und mein Blick fiel auf den Soldaten, der auf der anderen Straßenseite immer noch reglos seinen Wachdienst versah. Als ich an ihm vorbeiging, gewärtig, ihn meinerseits nur mit einem angedeuteten Nicken zu grüßen, sah ich, dass ich ausgerechnet hier, in Chișinău, in der holprigen, von einstöckigen Häusern gesäumten Strada Kogălniceanu, die nach einem mutig die Menschenrechte verfechtenden Gelehrten des 19. Jahrhunderts benannt war, ein Weltwunder bestaunen durfte. Was ich sah, konnte es gar nicht geben, und doch stand ich davor: vor einem Menschen, der im Stehen schlief. Mediziner sagen, dass beim schlafenden Menschen die Muskeln erschlaffen, sodass, wer steht und einschliefe, hinfallen würde; selbst die Pferde, Elefanten und Kühe, von denen man lange annahm, sie würden stehend schlafen, dösen in Wahrheit vor sich hin, um wirklich zu schlafen, müssen auch sie sich niederlegen. Nur die Eule und ein paar andere Vögel schlafen tatsächlich im Stehen, der Flamingo kann es sogar auf einem Bein. Dieser Soldat aber schlief, zweifellos, er hatte die Augen geschlossen, atmete langsam und tief und hielt doch vorschriftsmäßig das Gewehr schräg vor der Brust, er schlief fest und stand fest auf zwei Beinen, und fallen würde er nur, wenn ihn jetzt jemand anredete oder stupste.

Er war einer meiner namenlosen Helden von Chișinău, auf

die ich in jenem April 2015 traf, als ich zum ersten Mal nach Moldawien kam. Eingeladen, ein paar Vorträge und Lesungen zu halten, blieb ich dann zwei Wochen, um mich in der Stadt und auf dem Land umzuschauen. Der Namen des Landes, »Republica Moldova«, wird gewohnheitsmäßig falsch übersetzt, wenn man daraus jenes Moldawien macht, das sprachlich auf die Zeit zurückgeht, da es noch die »Moldavsjka Sovetskaja Socialističeskaja Republica« als Teil der Sowjetunion gegeben hat. Im Deutschen freilich ist die Moldau bereits als Fluss in Böhmen bekannt, sodass es dauern wird, bis wir uns vom alten Moldawien auf jene Moldau eingehört haben werden, die heute als offizielle Übersetzung des Staatsnamens gilt.

Wie die meisten Städte erkundet man auch Chișinău am besten zu Fuß, aber es strengte mich an, weil ich dauernd auf den Boden achten musste, so rissig und uneben waren die mit tiefen Löchern durchsetzten Gehsteige. Als ich einmal nicht mehr weiterkonnte, fragte ich einen vierschrötigen Herrn, der außerhalb des Zentrums an seinem kotbespritzten grünen Taxi lehnte, ob ich ihn für eine kleine Stadtrundfahrt verpflichten könnte. Er wirkte verblüfft und blickte mich zweifelnd an, als erwartete er, dass ich mein Ansinnen gleich selbst als Scherz kenntlich machen würde, aber dann war er mit Begeisterung bei der Sache. Er war ein paar Jahre älter als ich, seine Gesichtshaut war großporig, und die fleischige Nase wucherte offenbar schon seit Jahren schorfig entzündet dahin. Viel zu schnell fuhr er über die Boulevards, deutete nach links und rechts und erklärte in einem Deutsch, von dem er sagte, dass er es als Bauarbeiter in Holland erlernt habe, was es mit den Gebäuden auf sich hatte, an denen wir vorbeibrausten.

Auf das Zentrum von Chișinău führen aus allen Richtungen mehrspurige Boulevards zu, die die Innere Stadt mit den großen Wohnsiedlungen verbinden, welche ringsum auf die Hügel gebaut sind und zwischen denen sich ausgedehnte Parks erstrecken. Diese großzügige Struktur verdankt Chișinău, das als »schönste Stadt des Stalinismus« gerühmt wurde, dem planvollen Wiederaufbau nach 1945, als fast drei Viertel aller Gebäude durch den Zweiten Weltkrieg zerstört waren. Mein Fahrer, der Gefallen an seinem Auftrag fand und dem vielleicht gerade in den Sinn kam, dass er einen begabten Stadtführer abgeben würde, redete in einem fort, und bei jedem Wort, das er sprach, entwich seinem Mund ein fauliges Wölkchen, sodass sich im Wagen bald ein Dunst der Fäulnis ausgebreitet hatte. Als wir beim Gefängnis vorbeifuhren, rief er, dass alle Oligarchen und ihre Lakaien hierhergehörten. Holland sei ein normales Land, Moldawien hingegen wäre absolut nicht normal, weil hier die Verbrecher 50 000 Lei zahlten, freikämen und vom Gericht oder Gefängnis gleich direkt als Abgeordnete ins Parlament übersiedeln würden. Dafür sei aber selbst das schöne Holland bei weitem nicht so schön wie Moldawien, ein Superland mit Supermenschen, aber mit Scheißpolitikern und Scheißoligarchen. Stoßweise pulsierten die Schwaden der Empörung und ekligen Geruchs in dem Wagen, in dem mich ein enthusiastischer Patriot seiner Stadt durch Chișinău chauffierte, der sich am Ende weigerte, zu der für mich lächerlich geringen Summe, die sein Taxameter anzeigte, noch ein Trinkgeld anzunehmen.

Wenn ich müde wurde, bestieg ich oft einen der O-Busse, von denen viele kreuz und quer in der Stadt unterwegs und die auch für Einheimische so billig waren, dass es bei Jung und Alt als Schande galt, beim Schwarzfahren ertappt zu werden. Die bunten, oft arg ramponierten O-Busse waren überfüllt, aber nie erlebte ich es, dass die Stimmung gereizt gewesen oder Unmut laut geworden wäre. Durch das Gedränge schob sich eine Schaffnerin unablässig von hinten nach vorne und wieder zurück, ohne sich je an einem Griff oder einer Stange anzuhalten. In der einen Hand hielt sie eine Rolle, von der sie die Fahrkarten abriss, in der anderen drei Bündel mit Scheinen von ein, zwei und fünf Lei, aus denen sie das Wechselgeld mit dem Daumen gleichsam herauswischte.

Die Geldscheine Moldawiens waren alle gleich groß und zeigten das gleiche Bildnis eines Mannes mit finsterem Blick und langen Haaren, auf die eine Krone gesetzt war. Der Wojwode Ştefan cel Mare, Stefan der Große, formte im 15. Jahrhundert aus dem Fürstentum Moldau einen Staat, der sich gegen die beutegierigen Großmächte Polen, Ungarn und das Osmanische Reich zu behaupten wusste. Sein Land erstreckte sich außer auf das Territorium der Moldau auch auf weite Gebiete, die heute zu Rumänien und zur Ukraine gehören. In einer jener Fernsehshows, in der das nationale Gedächtnis für das Erstellen beliebiger Rankings verwendet wird, wurde er 2006 in Rumänien und Moldawien zum »größten Rumänen aller Zeiten« gekürt. Bald nach seinem Tod begann, was für die Region ein über die Jahrhunderte sich immer wieder erneuerndes Verhängnis war, die Herrschaft fremder Mächte, die sich gegenseitig die Gebiete zwischen den Flüssen Pruth im Westen und Dnister im Osten abzujagen und aus der ansässigen Bevölkerung gefügige Untertanen zu machen versuchten.

Es fiel mir schwer, die Geldscheine auseinanderzuhalten, denn von dem hellbraunen 1 Leu bis zu den orangen 200 Lei waren sie alle nur durch Farbnuancen und durch die klein gesetzte Zahl zu unterscheiden, darum irrte ich mich oft, wollte größere Summen mit Scheinen von zu geringem Wert bezahlen oder reichte für einen niederen Preis einen Schein von viel zu hohem Wert, worauf ich meist aufgeregt auf meinen Irrtum aufmerksam gemacht wurde. Ich bin mir sicher, in Moldawien kein einziges Mal übervorteilt worden zu sein. Aber die Menschen, die hier lebten, waren so arm, dass sie den Europäern des Wohlstands verdächtig sein mussten, und darum haben diese so viele Gerüchte über Entführungen und Überfälle weitererzählt, bis sie sich selbst vor den Moldawiern zu fürchten begannen.

Es gab alte Schaffnerinnen, die schon Jahrzehnte in ihren O-Bussen zugebracht haben mochten, und ganz junge, manche waren voluminös und schienen die Fahrgäste geradezu mit Bauch und Busen auseinanderzuschieben, andere wirkten in ihrer Magerkeit erschöpft, aber eine jede wurde respektiert. Auch die junge Frau mit dicken Brillen, mit der ich mit dem Bus Nummer 22 Richtung Flughafen fuhr und beim »Tor von Kišinёv« ausstieg. Kišinёv ist der russische Name für Chişinău, seitdem der russische Zar die Osthälfte des Fürstentums Moldau 1812 unter seine Herrschaft brachte und entschlossen daranging, das Land zu modernisieren und die Bevölkerung zu russifizieren. In dieser Gegend wurden seit jeher viele Sprachen gesprochen, Rumänisch vor allem und Jiddisch, aber auch Russisch, Bulgarisch, Polnisch, Ukrainisch, Griechisch, Gagausisch und durch die späte Zuwanderung von Wirtschaftsflüchtlingen aus Süddeutschland seit dem 19. Jahrhundert sogar Deutsch.

Fährt man vom Flughafen Richtung Stadt, hat man den Eindruck, sich einem überdimensionalen, schon von weitem sichtbaren weißen Stadttor zu nähern, es sind die hellen Blöcke einer vielgeschoßigen Plattenbausiedlung, die sich über dem Bulevardul Dacia, der durch sie hindurchführt, zusammenzuschließen scheinen. Aus der Ferne entfaltete dieses illusionistisch erzeugte »Tor von Kišinёv« enorme Wirkung, aus der Nähe erkannte ich, wie schadhaft die einzelnen Blöcke waren. Im Bus, mit dem ich hinausfuhr, erstand ich die Fahrkarte bei jener bleichen jungen Frau, die krank aussah, aber gleichmütig lächelnd ihrer schlechten Verfassung trotzte und, weil ich der Letzte ohne Ticket war, bis zur nächsten Station neben mir stehen blieb. In ihren Ohren sah ich, was ich schon lange nicht mehr gesehen hatte, nämlich einen harten Stöpsel aus zusammengedrückter Watte, wie ihn zu meiner Kinderzeit stets einer der Spielgefährten in seine schmerzenden Ohren gestopft hatte. Ich ging vielleicht eine Stunde in der Gegend beim Tor der Stadt herum, bis der Bus, der vom Flughafen zurück in die Stadt fuhr, wieder vorbeikam und ich neuerlich die Schaffnerin bei ihrer Arbeit beobachten konnte, die so viel Geschick verlangte.

Am Wochenende lud mich ein Dozent, den ich kennengelernt hatte, zu einer Fahrt aufs Land ein. Bald nach Chişinău wurden aus asphaltierten Schnellstraßen sandige Lehmpisten mit riesigen Schlaglöchern, sodass wir für dreißig, vierzig Kilometer fast zwei Stunden brauchten. Wir kamen an zahllosen, anmutig in die Landschaft gesetzten Teichen vorbei, auf denen der kalte Frühlingswind Wellen trieb, und an weiten Feldern, deren Erde um diese Jahreszeit noch von schwerem, nassem Braun war. Ohne Ziel unterwegs, verließen wir die Landstraße und erreichten ein Dorf von starrender Hässlichkeit. Viele Dörfer des Landes waren in der sowjetischen Zeit zu agroindustriellen Zentren aufgerüstet und demoliert worden, dort, wo früher die Dorfmitte mit Kirche, Schule, Geschäft war, wurde der stets gleiche Paradeplatz herausgeschlagen und mit einem Kulturhaus oder Volksheim an der Stirnseite, einem Denkmal für die Rote Armee auf der gegenüberliegenden Seite ausgestattet. Das Kulturhaus, ein düsterer Betonklotz, den abzureißen zu aufwendig wäre, witterte seit dem Ende der kommunistischen Ära ungenutzt vor sich hin, das Glas war längst aus den Fenstern gefallen, auf deren Bänken zerzauste, magere Katzen schliefen, und durch den Asphalt auf dem menschenleeren Platz davor brachen Disteln und zähe Sträucher.

Ein Stück außerhalb des Dorfes stießen wir auf den Friedhof, der nach Art vieler anderer im Lande von einem niederen, blau gestrichenen Metallzaun begrenzt wurde. Wir versuchten die verblassten, meist cyrillischen Schriftzüge auf den schwarzen Grabtafeln zu entziffern, als sich uns eine alte Frau mit kräftigem, kohlrabenschwarzem Haar näherte, die in einem Kleid steckte, so bunt, wie früher die Schürzen der Landfrauen bei uns gewesen waren. Sie sprach uns von weitem an und zog uns dann zu einem Grab ganz am Rand des Friedhofs, im Unterschied zu den meisten ringsum, die von Unkraut überwuchert waren, wurde es liebevoll gepflegt, und in seiner Erde steckte eine kühn gedrehte Vase mit Plastikblumen. Auf der Tafel des metallenen Grabkreuzes stand der Name Ivan Rosca zu lesen, die Frau sprach ihn mehrmals mit heftiger innerer Bewegung aus und deutete dabei auf das Grab und auf sich und dann auf uns: Für uns erzählte sie die Geschichte, von uns wollte sie hören, dass wir sie verstanden hatten!

Der Dozent übersetzte nicht nur für mich, sondern musste es auch für sich tun, denn die alte Frau sprach ihr Russisch mit so starkem Dialekt, dass er ihr kaum zu folgen vermochte. Was wir erfuhren: dass hier die Gebeine ihres Vaters lagen, der 1941 als Erster aus dem Dorf erschossen wurde, als die Wehrmacht und in deren Gefolge die berüchtigten Sondereinheiten vorbeizogen, mordend und brandschatzend auf dem Weg in den noch weiteren Osten. Ja, nickte die Frau, ihr Vater war der Erste, der erschossen wurde, vor 64 Jahren, da sei sie noch ein Kind gewesen, und dann weinte sie, um den ermordeten Vater und um das Kind, das in so furchtbarer Zeit hatte aufwachsen müssen, und sie weinte, weil die Großen der Welt ihren Krieg und ihre Verbrechen bis in ihr kleines, abgeschiedenes Dorf getrieben hatten. Wir standen eine Zeitlang beisammen, in irgendeinem Dorf in diesem fremden Land, das mit einem alles verwüstenden Krieg überzogen worden war, und als wir gingen, verabschiedete sich die Frau von mir mit übersprudelnden Dankesworten. Sie tätschelte meine Hand und dankte mir, dass ich so großherzig war, ihr zuzuhören, als sie von der Ermordung ihres Vaters durch eine Truppe erzählte, zu der auch Soldaten aus meinem Land gehört haben mochten.

2

Im nördlichen Stadtteil Liefering zweigt in Salzburg von der Ausfallstraße, die zur Westautobahn hinaus- und nach Bayern hinüberführt, eine Straße ab, die in den fünfziger und sechziger Jahren, in denen ich aufwuchs, etwas Anrüchiges hatte und noch heute nicht in bestem Rufe steht. Jugendliche, die sich damals um eine Anstellung in einem der angesehenen Geschäfte der Altstadt bewarben, wurden von ihren Eltern amtlich bei einem Verwandten, der in einer besseren Wohngegend zuhause war, angemeldet, damit aus ihrem Bewerbungsschreiben nicht ersichtlich werde, dass sie in der »Bessarabierstraße« aufgewachsen waren.

Bessarabien, das war und ist der Name für eine historische Landschaft, deren Geschichte so kompliziert und reich an Eroberungen, Rückeroberungen, Grenzverschiebungen und territorialen Korrekturen, an wechselnden Herrschern, Staatsgewalten, politischen Systemen war, dass selbst Fachleute den Überblick leicht verlieren. Ich hatte mich in einigen Büchern kundig gemacht, wie aus dem alten Bessarabien das spätere Moldawien wurde, aber was ich von etlichen Reisen wusste, die mich zu den kleinen Sprachgruppen und kleinsten Nationalitäten Europas geführt hatten, das fand ich hier zu unüberbietbarer Konsequenz verdichtet: dass nämlich die Geschichte der kleinen, von mehreren Nationalitäten bewohnten Staaten oft viel komplizierter ist als die der großen, die sich nach einer gewissen historischen Folgerichtigkeit entwickeln, während bei jenen die verheerende Unwägbarkeit hinzukommt, dass ihre Existenz von mächtigeren Nachbarn stetig beeinflusst und periodisch sogar in Frage gestellt wird. Zu meinem Glück war es Horea Balomiri, der mich nach Chișinău eingeladen hatte, denn er, ein Mensch von natürlicher Noblesse, fühlte sich nun dafür verantwortlich, dass ich nicht verwirrter, als ich angekommen war, wieder nachhause würde zurückkehren müssen.

Horea, der in Siebenbürgen geboren wurde und in Bukarest aufwuchs, repräsentierte bereits im dritten Jahr die österreichische Kultur in der Moldau. Er leitete die Österreich-Bibliothek in Chişinău, unterrichtete an der Universität deutsche Sprache und versuchte, so gut es mit den jämmerlich geringen Summen ging, die er dafür erhielt, etwas wie österreichische Kulturpolitik zu betreiben und Lesungen, Vorträge, Seminare zu organisieren. Als er mich am Flughafen abholte, trat mir ein großer, schlanker Mann Mitte dreißig entgegen, mit einem kantigen, jedoch fein geschnittenen Gesicht und einer wohltönenden Stimme. Er sprach ein Deutsch, das keine regionalen Tönungen verriet, hatte er es doch zu gleichen Teilen von seinen siebenbürgischen Großeltern, auf deutschen Gymnasien und beim Studium in Wien erlernt. Seit einigen Jahren steckte er in seiner Wiener Dissertation über Kant fest, und der Österreichische Austauschdienst setzte ihn in der Moldau als Lektor ein, weil sich kein einziger österreichischer Bewerber finden ließ, der sich nach Chişinău schicken lassen wollte. Viele Abende debattierten wir in seiner Kammer an der Universität oder in einem Café über das, was diesem Land, dieser Stadt im Laufe der Jahrhunderte widerfahren war und wie es mit ihnen weitergehen konnte.

Wie er die strenge Logik der Kant'schen Philosophie liebte, verfügte er selbst über die Gabe, das Unwesentliche vom Wesentlichen zu trennen und die unüberschaubare Wirrnis der bessarabischen Geschichte für mich in eine übersichtliche Ordnung zu bringen. Allein in den dreihundert Jahren zwischen dem Tod des Königs Ştefan cel Mare und der Eingliederung Bessarabiens ins Zarenreich hatten einander 131 Herrscher, abwechselnd mit den osmanischen, russischen, großrumänischen Mächten sympathisierend oder gegen sie opponierend, in rascher Folge abgelöst. Die Ausdehnung der Republica Moldova deckt sich ungefähr, aber nicht exakt mit dem Territorium des alten Bessarabien, das 1812 dem größeren Fürstentum Moldau entrissen und vom russischen Reich annektiert worden war.

Westwärts, nach Bessarabien, verbannten die Zaren im 19. Jahrhundert jene verdächtigen russischen Untertanen, die ihnen zu schade waren, dass sie in Sibirien vor die Hunde gingen, und bei denen sie mit Läuterung und Rückkehr rechneten, wie den Dichter Alexander S. Puškin, der angewiderte Briefe aus dem rückständigen Kišinëv an seine Freunde in St. Petersburg schickte. Siedler aus Deutschland wurden von den Zaren hingegen regelrecht angeworben, damit sie nach Bessarabien zogen und das Land kultivierten. Sie kamen ab 1820 aus verschiedenen Regionen und gründeten Dörfer mit sprechenden Namen wie Gnadental, Gutheim, Hoffnungsfeld, aber auch Straßburg, Neu-Paris oder Halle. Und nach Bessarabien waren Generationen von Juden gezogen, die es in Deutschland oder Polen nicht aushielten, aus der österreichischen Bukowina weiterwanderten, aus Russlands Zentren an die Peripherie abgedrängt wurden. Selbst griechische und walachische, heute würde man sagen: rumänische Patrioten schlugen sich nach Bessarabien durch, um von hier auf Feldzüge gegen die osmanischen Militärstützpunkte in ihrer Heimat zu gehen.

Um 1900 waren 45 Prozent der Bewohner von Kišinëv Juden, und kaum sonst wo auf der Welt war die jiddische Sprache so weit verbreitet wie in Bessarabien. 1903 fiel, zum orthodoxen Osterfest, der aufgehetzte Mob über die Juden her, was vielen von ihnen das Leben kostete und Abertausende dazu brachte, nach Palästina und in die USA auszuwandern. Der Mann, der den antisemitischen Exzess stoppte, den Juden beistand, seine Stadt, um die er sich so verdient gemacht hatte, anprangerte, war der deutsche Bürgermeister Karl Schmidt, der den Pogrom als Kriminalfall behandelte und aufdeckte, welche politischen Kräfte im Geheimen darauf hingearbeitet hatten, dass endlich ein spontaner Pogrom wie bestellt verübt wurde.

Jene Juden, die nicht resignierten, sondern im Lande blieben, wurden 1918, als Russland Bessarabien wieder aufgeben musste, Bürger des neu gebildeten großrumänischen Staates, der ihre staatsbürgerlichen Rechte alsbald einzuschränken trachtete, es aber zuließ, dass jiddische Tageszeitungen wie *Unzer Zeyt* erschienen, und die Juden noch nicht mit Enteignung und Mord bedrohte. Das geschah erst, als Rumänien im Zweiten Weltkrieg an der Seite Deutschlands in den Krieg eintrat und die Juden auch in Bessarabien systematisch verfolgt wurden. In kaum einem anderen Land ist die Verfolgung der Juden so lückenhaft dokumentiert wie in Bessarabien, das während des Kriegs die staatliche Zugehörigkeit mehrfach wechselte. 1940 war das Land, gemäß dem geheimen Pakt von Hitler und Stalin, von der Roten Armee besetzt worden, die die wohlhabenden und gebildeten städtischen Juden als Repräsentanten der Bourgeoisie ächtete und ins Innere der Sowjetunion deportierte. Zugleich mussten die knapp 100 000 Deutschen das Land verlassen und in ein Reich heimkehren, das nie das ihre gewesen war. Mit Schiffen, die vom Donauhafen Reni ablegten, verließen bis November 1940 binnen acht Wochen 93 318 Menschen das Land ihrer Vorfahren und wurden über das ganze deutsche Reich verteilt.

Die Wohnblöcke der Salzburger Bessarabierstraße wurden damals errichtet, um etliche hundert dieser Hunderttausend aufzunehmen, aber anders als die 1945 vertriebenen Volksdeutschen, die Siebenbürger Sachsen, Sudetendeutschen oder Donauschwaben, erschienen sie, wo immer sie strandeten, als Fremde, in denen die Einheimischen kaum die ausgesiedelten Volksgenossen erkennen mochten. Das hing auch damit zusammen, dass die Bessarabiendeutschen eine nach völkischen

Kriterien bereits stark vermischte Gruppe darstellten, der durch Heirat viele Menschen zugehörten, die ukrainische, rumänische, bulgarische Wurzeln hatten. Dass sie Fremde waren, wirkt in ihrer Straße im Grunde bis heute nach, da kaum mehr Nachfahren von ihnen dort wohnen. Aber der Name klingt noch immer nach städtischer Problemzone, wiewohl die Höfe und Gemeindebauten der Gegend einen geradezu wohlgewarteten Eindruck machen. Als es mich vor einigen Jahren wieder in die Bessarabierstraße verschlug, traf ich auf Alteingesessene und Zugereiste, die ausnahmslos weder wussten noch wissen wollten, was es mit dem Namen ihrer Straße auf sich hatte.

Die Bessarabiendeutschen, die in die alte Heimat zurückkehrten, aber in die Fremde gerieten, entrannen immerhin einem Gebiet, in dem der Krieg vier Jahre verheerend wütete. Stets waren hier Armeen auf dem Vormarsch oder dem Rückzug, und die Front verlief immer irgendwo durch das Land, das darüber zerstört wurde. In all dem Chaos blieben Zeit und planende Energie, die bessarabischen Juden in die Konzentrationslager Transnistriens zu deportieren, wo sie auf ihre Leidensgefährten aus der Bukowina und aus dem rumänischen Kernland trafen, deren Schicksal sie zu Hunderttausenden teilten.

Mit den Moldawiern, zumal den Chișinăuern kam ich leicht ins Gespräch, freundlich wollten sie, wenn ich sie um den Weg fragte, von mir wissen, was mich zu ihnen geführt hatte und wie mir ihr Land gefiel. Doch verstörte mich, dass so wenige von ihnen etwas von den Juden wussten, die in ihrer Stadt vor hundert Jahren doch fast die Hälfte der Einwohnerschaft ausgemacht hatten, dass sie kaum etwas von deren furchtbarem Ende wissen wollten und schließlich, dass sie sich zwar nicht feindselig, aber ahnungslos zeigten, wenn ich Auskunft über die jüdische Gemeinde von heute begehrte. Selbst dass es einen großen jüdischen Friedhof gab, wussten weder die Leute an der Rezeption meines Hotels noch der Taxifahrer, dem ich an einem wolkentrüben Tag als Ziel den Cimitirul Evreiesc angab. Ich selbst musste ihm, den Stadtplan auf den Knien, zeigen, wo er am Ende des Bulevardul Ştefan cel Mare abzubiegen hatte, um in der Strada Milano eine Mauer entlangzufahren und endlich vor einem alten Tor haltzumachen.

Gleich hinter dem Friedhofstor saß vor einem Häuschen mit hellblauen Fensterrahmen eine steinalte Frau auf einem Stuhl. Sie betrachtete mich misstrauisch, als wollte sie sich davon überzeugen, dass ich nichts Böses im Schilde führte, wovon ich sie mit der dummen Frage überzeugte, ob ich mich hier tatsächlich auf dem israelitischen Friedhof befände. Das bejahte sie, sogleich freundlich, nein, zutraulich zu dem offenbar arglosen, wenn nicht einfältigen Fremden geworden, sodass sie sich ächzend erhob und mich mit ihren krummen Beinen, die in schwarzen Gummistiefeln steckten, ein Stückchen den schmalen, geteerten Weg hügelan begleitete. Nach vielleicht zweihundert Metern erreichten wir die Kuppe des Hügels, dort wies sie auf die Gräberfelder ringsum, die allesamt wie unter einer einzigen Dornenhecke verschwunden schienen. 30 000 Gräber befänden sich hier, erzählte sie, verborgen hinter wilden Sträuchern, die die Wege versperrten, überwachsen mit Gesträuch, bedeckt von abgebrochenen Ästen der Bäume. An mancher Grabreihe wurde offensichtlich gearbeitet, die Wildhecken waren teilweise gerodet, die Grabsteine wiederaufgerichtet und die Einfriedungen aus Metall, die so viele Gräber umgaben, neu gestrichen. Andere waren nahezu unzugänglich, so dicht wucherte das Gestrüpp. Außer mir und der Alten schien sich kein Mensch auf dem Weg durch das riesige unübersichtliche Gelände zu befinden. Hoch im Himmel zogen unhörbar die Flugzeuge ihre Bahn, fünfzig Meter über uns kurvten die kreischenden Formationen der Krähen, und unten, zwischen Tausenden umgestürzter und Hunderten wiederaufgerichteter Grabsteine, war nichts zu hören als das Hecheln der zwanzig, dreißig räudigen Hunde, die unablässig im Friedhof herumliefen. Anfangs fürchtete ich mich vor ihnen, bis ich sah, wie sie sich vor der Alten, die zu ihrem klapprigen Stuhl und ihrem Häuschen zurückgekehrt war, im Staub wälzten und von ihr gestreichelt zu werden wünschten.

Die meisten Gräber waren mit cyrillischen oder hebräischen Zeichen beschrieben und bargen die Knochen von Menschen, die zwischen 1950 und 1975 gestorben waren. Als ich über faulende Äste gestiegen war und dornige Heckenzweige zur Seite geschoben hatte, fand ich mich nach vierzig Metern auf einer kleinen Lichtung, zu der sich das Dickicht wundersam öffnete. Umgeben von Aberdutzenden umgestürzter Grabsteine stand hier einer auf einem kleinen Flecken gerodeter Wildnis kerzengerade, von blau gestrichenem Gestänge eingefriedet, und die Schrift auf ihm musste vor kurzem nachgezogen worden sein. Herz Berger ruhte hier, der 1918 geboren wurde und 1968 starb, und auf dem ovalen, am Stein befestigten Foto, das der Regen sepiabraun gewaschen hatte, war ein attraktiver Mann zu sehen, mit einem schmalen Bärtchen, wie es Errol Flynn berühmt gemacht hatte, und ernsten Augen, die direkt in die Kamera gerichtet waren. Irgendwen musste dieser Herz Berger, der den ihm zugedachten Tod in der Shoah um 23 Jahre überlebte, noch unter den Lebenden haben, der sich an ihn erinnerte und wünschte, dass ihm unter so vielen Toten, die vergessen waren, ein Ehrenplatz bewahrt werde, auf dieser, seiner eigenen Lichtung, die nur Eingeweihte oder Ortsfremde, die sich ins Dickicht schlugen, finden konnten.

3

Ljudmila Firstman legte ihre Hand auf meinen Arm und sagte, dass sie in Chișinău geboren und vor 25 Jahren nach Wuppertal übersiedelt sei, ihre Eltern in Israel begraben lägen und ihre Tochter gerade daranginge, einen deutschen Guido zu heiraten. Sie war eine kleine füllige Frau, deren enges Kleid mit den schwarzweißen Querstreifen ihre Figur betonte und in deren rundlichem Gesicht zwei dunkle Augen vor unverhohlener Freude blitzten, dass sie endlich einem Fremden erklären konnte, wie es um die jüdischen Dinge von Chișinău stand.

Ich hatte die Gleizer Shil, die 1898 errichtete Synagoge der Chassiden, ein paarmal gesucht, aber die schmale Strada Habad Liubaveci immer verfehlt. An diesem Nachmittag hatte ich mir den Stadtteil zwischen dem Bulevardul Ştefan cel Mare, an dem sich fast alle repräsentativen Amtsgebäude des Staates reihten, und dem Bîc vorgenommen, einem Rinnsal, das die Altstadt von dem bevölkerungsreichen Bezirk Rîșcani im Norden und von Ciocana im Osten trennte. Ohne es beabsichtigt zu haben, war ich im alten, längst zur Unkenntlichkeit verbauten Viertel der Armenier auf die armenische Kirche gestoßen und nicht weit davon entfernt auf einen wie aus der Zeit gefallenen Dorfplatz mitten im Zentrum geraten, auf dem eine Art Wehrkirche thronte. Dies war die Măzărache-Kirche, das älteste Gotteshaus der Stadt, das seit langem die spirituelle Heimstatt der »Altgläubigen« oder »Altorthodoxen« war, einer Abspaltung der russisch-orthodoxen Kirche, deren Anhänger bereit waren, Vertreibung und Tod auf sich zu nehmen, um einige Traditionen des Ritus unverfälscht von jeder Reform zu erhalten.

Die ganze Gegend schien sich entschieden zu haben, Großstadt und Dorf zugleich zu sein. In der einen Straße stauten sich Autos und Busse, in der nächsten saßen die Alten vor ihren Häusern und schauten den Kindern zu, wie sie auf der Straße spielten; hier ragten neue Hochhäuser aus Glas und Protz auf, dort hörte man hinter dem Gartentor die Hühner gackern. Ganz Chişinău war von dieser Gleichzeitigkeit von Metropole und bäuerlicher Tradition geprägt, nirgendwo sonst in Europa war ich in eine Stadt von fast 700 000 Einwohnern geraten, in deren Zentrum intensive Gartenbewirtschaftung und Kleintierzucht betrieben wurde. Einmal hatte ich das Gefühl, auf dem Anger eines stillen Dorfes zu stehen, aber nur wenige Schritte weiter, in der Strada Alexandru Hideju, stieß ich auf einen massiven städtischen Wohnblock. Eine Tafel belehrte mich, dass hier der Dichter Liviu Damian gelebt hatte und 1986 im Alter von 51 Jahren gestorben war.

Damian war ein empfindsamer Poet, der zugleich als Sekretär des Schriftstellerverbands in der Moldawischen Sozialistischen Sowjetrepublik amtierte, ein Dichter, aus dessen Muttersprache, dem Rumänischen, damals staatsoffiziell gerade die von der sowjetischen Obrigkeit erfundene Sprache Moldawisch werden sollte. Die Zaren hatten, als sie Bessarabien dem Osmanischen Reich zu Beginn des 19. Jahrhunderts abjagten, das Rumänische zurückzudrängen und das Russische nicht nur als Amts-, sondern auch als Umgangssprache durchzusetzen versucht. Im großrumänischen Reich ging es ab 1918 wieder in die andere Richtung, also darum, die Oberhoheit im Lande auch sprachlich für das Rumänentum zu gewinnen. 1944 schließlich, als die Rote Armee die faschistischen Truppen besiegte und Moldawien zur sowjetischen Republik wurde, trafen die neuen Herrn eine bizarre sprachpolitische Entscheidung: Das Rumänische, die Sprache der meisten Bürger des neuen Staates, hatte statt mit lateinischen künftig mit cyrillischen Buchstaben geschrieben zu werden und Moldawisch zu heißen.

Natürlich war das vermeintlich eigenständige Moldawisch

ein linguistisches Konstrukt, erfunden von Bürokraten, die fürchteten, dass eine nationalistische Bewegung, die sich auf die gemeinsame Sprache in Rumänien und Moldawien berufen könnte, womöglich dereinst für die Vereinigung der beiden Staaten agitieren würde. So wurden aus den besten moldawischen Schriftstellern tragische Gestalten, schrieben sie doch in einer Sprache, von der die mit Wohltaten nicht geizende, Unbotmäßigkeit sanktionierende Obrigkeit verlangte, dass sie sich zunehmend vom Rumänischen entferne, also von ihrem Wurzelgrund, den jede poetische Sprache und jedes aus der Sprache sich stärkende Selbstbewusstsein benötigt.

Ich dachte an Liviu Damian und die anderen Autoren seiner Generation, von denen so viele jung gestorben waren, dem Alkohol verfallen, heillos zerrissen, als ich bemerkte, dass ich ausgerechnet jetzt, da ich sie gar nicht gesucht hatte, in die Straße der frommen Chassiden geraten war. Der Straßenname gemahnte an die orthodoxe Gemeinschaft der Lubawitscher Juden, die einst vor allem in Osteuropa verbreitet war und deren Zentrale heute in Brooklyn steht. Auf Nummer 8 der Strada Habad Liubaveci, eingezwängt zwischen Garagen und Schuppen, befand sich ein Haus mit gelber Fassade, das vier rechteckige und unmittelbar darüber vier geschwungene Fenster hatte. Ich klopfte, und ein Greis mit wolleflockigem Bart und weichen Gesichtszügen öffnete das Tor. Ich trat in einen Raum von vielleicht achtzig Quadratmetern, der getreu der Tradition zugleich als Gebetsraum, Lesesaal und Versammlungsort diente. Am oberen Ende des Raumes führten zwei Stufen zum überdachten Almemor hinauf, dem Pult, auf dem die Thora liegt, die Treppen zur Empore, auf die die Frauen im Gottesdienst verwiesen wurden, waren hinter einem Vorhang verborgen. An langgestreckten Studiertischen saßen fünf Leute: ein Intellektueller, der aufstand, mir die Hand reichte und sich, ehe er sich zurückzog, selbstironisch lächelnd als der aus den USA stammende Rabbi vorstellte, der hier, »owing to circumstances«, umständehalber seit ein paar Jahren sein Amt versah; drei junge Männer, die ihre Gebetsbücher aufgeschlagen vor sich liegen hatten und leise debattierten, und diese kleine Frau mit kurzem Haar und schwarzem Strich über den ausgezupften Augenbrauen.

Ljudmila Firstman erhob sich sofort, als hätte sie nur auf mich als den Besucher des Tages gewartet, und strahlte, als sie erfragt hatte, woher ich kam. Ihr Deutsch, das sie endlich wieder erproben konnte, war fehlerhaft, aber selbst in der Rasanz, mit der sie es sprach, stets völlig verständlich. Sie pries den Greis, der mich hereingeführt hatte, als den großen Künstler der chassidischen Gemeinde, er hörte das gerne, stellte sich zu uns, rief, als ihn Ljudmila aufgeklärt hatte, dass ich Österreicher war, nach längerem Überlegen »Haydn« aus und begann ein paar Takte aus einer Symphonie des Komponisten zu summen. Kein Zweifel, der alte Mann, der sich kindlich über die Gelegenheit freute, seine Liebe zur österreichischen Musik unter Beweis zu stellen, und auch noch ein paar Takte Mozart und Schubert pfiff, hatte sein Lebtag lang mit Musik zu tun gehabt. Wie Ljudmila war auch er erst kürzlich aus Deutschland nach Chișinău heimgekehrt, sein Deutsch aber war kurios, und er ärgerte sich, wenn er sich nicht verständlich machen konnte und sich an Ljudmila wenden musste, damit sie übersetzte, was er mir mitteilen wollte. Sein Name war Ilija Müller, doch sprach er ihn »Muller« aus. »Müller« korrigierte Ljudmila. »Ja, sage ich doch: Muller.« Man sah, wie er, der Musiker, in seinem Mund das Ü suchte.

Er wollte mir noch die Mikwe zeigen, und erst jetzt fiel mir auf, wie groß die Distanz, der auch körperliche Abstand war, die er zu Ljudmila zu wahren versuchte. Bestimmt untersagte er ihr, sich seiner Führung anzuschließen, als wäre ausgerechnet die Mikwe Männersache. Er brachte mich in einen gekachelten, dunstigen Raum, in dem ein paar Treppen abwärts in ein kleines Bassin führten, das mit grün schimmerndem abgestandenen Wasser gefüllt war. Hier mussten die Frauen, untertauchen, erklärte Muller, ehe sie wieder Liebe machen durften, ja, genau dieses Wort verwendete er, aber auch neu angeschafftes Geschirr wurde in diesem Wasser rituell gewaschen, ehe es zum ersten Mal benutzt werden durfte. Ich musste ein wenig betreten dreingeschaut haben, als wir zurückkehrten, denn Ljudmila lachte über die Miene, die ich machte. Ich hatte befürchtet, in der von den Nationalsozialisten und ihren rumänischen Mordkumpanen fast ausgelöschten chassidischen Gemeinde auf traurige Menschen zu stoßen, die auf verlorenem Posten die Erinnerung an die Blüte des Chişinăuer Judentums hüteten, vielleicht auch auf Ressentiments, sobald man hören würde, dass ich Deutsch sprach. Das Gegenteil war der Fall: Ich traf in der Synagoge auf daseinsfrohe, geradezu ausgelassene Menschen, und dass ich hier vorbeischaute, wurde mir nicht nur als dankenswerte Ablenkung, sondern fast schon als freundliche Geste gutgeschrieben, die man rechtens von keinem Besucher Chişinăus erwarten durfte.

Ein paar Tage später stand ich vor der unauffälligen Tür eines unauffälligen Gebäudes, das mit seinen Zubauten weit größer war, als man von außen annehmen konnte. Das Haus in der Strada Diordiţă, die vom weitläufigen Park der Auferstehungskathedrale leicht abwärts führt, gab sich Mühe, wenig Aufhebens von sich zu machen. Hinter dem massiven Tor, an dem ich läutete, lag jedoch ein Campus versteckt, der das jüdische Kulturzentrum, einen Jugendklub, eine Familienberatungsstelle, ein Museum und allerlei Vereine beherbergte. Ich war vorher in dem kleinen Café gegenüber gesessen und hatte es bei drei einheimischen Gästen probiert, von denen zwei sich auf Rumänisch unterhielten und der dritte, ein soignierter Herr, der Espresso trank und in einer großformatigen Zeitung las, meine Frage auf Russisch beantwortete. Nein, keiner von ihnen hatte je etwas von KEDEM gehört, dabei saßen wir zwanzig Meter von diesem Kultur- und Wohltätigkeitsverein entfernt, dessen hebräischer Name ungefähr »so wie früher« bedeutet.

Die Direktorin, von der ich erwartet wurde, weil Horea für mich einen Termin bei ihr vereinbart hatte, trug eine blaue Blume in ihrem wallenden roten Haar. Dr. Irina Shihova, die vielleicht vierzig Jahre sein mochte, wirkte fragil und energisch zugleich, beim Reden schloss sie manchmal die Augen, als fiele es ihr schwer, auch noch für diesen Besucher ihrer Müdigkeit zu trotzen, doch blieb sie hochkonzentriert bei der Sache, bis ich sie nach zwei Stunden wieder verließ. Gleich nachdem ich Platz genommen hatte, teilte sie mir nicht weniger mit, als dass die Zukunft ihres unglücklichen Landes von den wenigen Juden abhänge, die es noch gebe. Nein, nicht von den Juden, sondern von dem Beispiel, das sich an ihnen die anderen Nationalitäten nehmen konnten, von denen die beiden größten, die Rumänen und die Russen, noch immer unsicher waren, ob sie ihre Identität national, sprachlich, religiös, ethnisch oder durch die Zugehörigkeit zu ihrem gemeinsamen Staat bestimmen sollten.

Waren jene Staatsbürger der Republica Moldova, deren Muttersprache das Rumänische ist, eigentlich Rumänen, die nur leider oder Gott sei Dank nicht in Rumänien lebten? Oder waren sie Moldauer – nicht nur im staatsbürgerlichen, sondern auch im Sinne einer Nation, die sich herauszubilden begann? Und jene Nachfahren russischer Zuwanderer oder von Bessarabiern, die vor ein paar Generationen den Wechsel von Sprache und Nationalität vom Rumänischen zum Russischen vollzogen hatten – als was sollten sie sich verstehen? Als versprengte Kinder Russlands? Stehen die Rumänen der Moldau den Rumänen in Rumänien näher oder den Russen, die mit ihnen im selben Staate leben? Gab es unter den Russen im Land überhaupt moldauische Patrioten, oder hegten sie nicht allesamt Sympathien für die alte Zeit, als Moldawien der Sowjetunion und sie der führenden Nationalität in diesem riesigen Reich zugehörten? Existierten sie überhaupt, die neuen Moldauer? Seit 1991, als die Moldau zum unabhängigen Staat wurde und alte Rechnungen beglichen, neue Obsessionen erprobt wurden, litten die Menschen, die hier lebten, auch daran, auf diese Fragen nach ihrer Identität keine Antworten zu wissen, die historisch vernünftig zu begründen wären und zugleich der heutigen Realität lebenspraktisch entsprechen würden.

Die tapferen Leute, die die Diktatur stürzten, haben in der Demokratie sogleich das Blödeste gemacht, was sie tun konnten: Sie versuchten das alte sprachpolitische Unrecht, das ihnen und ihren Eltern widerfahren war, umzudrehen und es gegen ihre russischen Nachbarn zu wenden. Zu sowjetischen Zeiten galten jene Moldawier, die auf der rumänischen Sprache mit ihrer lateinischen Schrift beharrten, als bourgeoise Nationalisten, wiewohl sie doch nur das Recht des Menschen auf seine Muttersprache verfochten. Als sich die Moldau unabhängig erklärte, haben sie nicht nur das Rumänische als Staatssprache inthronisiert, sondern sogleich das Russische aus dem öffentlichen Leben zu verbannen getrachtet.

Was die vielen Nationalitäten der Moldau von den Juden lernen könnten? Irina Shihova hatte schmale Finger, und mit einem davon trommelte sie jetzt bei jedem »und« ihrer kurzen Sätze auf den Tisch: »Nun also, wer bin ich? Ich bin eine Jüdin. Und eine Russin. Und eine Chişinăuerin. Und die Tochter eines Überlebenden der Shoah. Und die Mutter einer kleinen Tochter, die in diesem Land zu einem freien Menschen heranwachsen soll. Und eine Wissenschaftlerin. Und Museumsdirektorin. Und ich bin – eine Moldauerin.« Worauf sie pochte, im wahren Sinn des Wortes, das war die Einsicht in eine einfache, unendlich komplizierte Lebenswahrheit: dass sie nicht von einem nationalen oder religiösen Attribut allein bestimmt wurde, sondern sich ihre Persönlichkeit aus vielen Einflüssen und Zuflüssen speiste. Was die Moldauer daraus lernen könnten? Dass auch sie ihre Identität als Individuen und ihre kollektive Identität als Angehörige desselben Staates nicht auf ein einziges Merkmal reduzieren, sondern anerkennen sollten, dass dies in einer welthistorischen Provinz wie Bessarabien, in der seit ewigen Zeiten stets viele Völker zuhause waren, weder möglich noch sinnvoll war.

Ich fragte Irinia Shihova, warum die Chişinăuer so wenig von den Juden wussten und mir nicht einmal zu sagen vermochten, wo sich das jüdische Kulturinstitut befand, wenn wir doch fast davor standen? Weil so viele jemanden in der Familie hatten, der damals in die Verfolgung verstrickt war – begeistert, halb freiwillig, halb genötigt oder tatsächlich gezwungen. Nach 1945 wurde darüber das große Schweigen verhängt, aus Feigheit und aus Scham. In den neunziger Jahren, als der sowjetische Obrigkeitsstaat fiel, wagten sich auch die Antisemiten, die sich gehütet hatten, sich als solche zu erkennen zu geben, wieder aus ihren Verstecken mitten in der Gesellschaft hervor. Aber, fügte Irinia Shihova mit Nachdruck hinzu, der Antisemitismus jener Jahre richtete sich eher zufällig und jedenfalls nicht hauptsächlich gegen die Juden. Sondern? »Gegen die Russen! Wir«, sie setzte jetzt wieder ihre Fingerknöchel ein, um akustische Rufzeichen zu markieren, »wir wurden damals nicht als Juden, sondern als russische Juden zu Verrätern gestempelt. Und die Juden, die damals ihre Anstellungen an der Universität verloren, wurden ihrer Posten enthoben, nicht weil sie mit der jüdischen Religion, sondern mit der russischen Nomenklatura von gestern identifiziert wurden.«

Inzwischen hatte sich der rumänische Nationalismus längst abgekühlt. Wollten 1991 noch Hunderttausende Moldauer ihren Staat möglich rasch mit Rumänien vereinen, schien das heute nur mehr einer kleinen Minderheit großrumänischer Nationalisten erstrebenswert. Das Ansehen der jüdischen Minderheit hingegen wuchs beständig, und das jüdische Gymnasium, das es seit ein paar Jahren gab, hatte einen so guten Ruf, dass auch zahlreiche Christen und Atheisten ihre Kinder in dieser Schule unterzubringen versuchten. »Nicht auszudenken, wenn es uns Juden eines Tages gar nicht mehr gäbe! Dann würden wir richtig Mode werden.«

4

Drei Monate später landete ich wieder auf dem Flughafen Chișinău, begleitet von meiner Frau und einem befreundeten Architekten, die sich die hochsommerliche Erkundungsreise durch ein touristisch unerschlossenes Land zumuten wollten. Im Flieger saßen viele aufgeregte junge Frauen, die im Handgepäck fast alle eine Tasche mit sich führten, aus der riesige Plüschbären oder futuristisch anmutende Spielwaren aus buntem Plastik ragten. Als wir in die Abfertigungshalle hinaustraten und die Trauben wartender Greisinnen, Männer, Kinder sahen, begriffen wir, dass sie seit Stunden, in Wahrheit schon seit Monaten von ihren Großfamilien erwartet wurden, sie, die meist ohne reguläre Arbeitsverträge als Pflegerinnen, Kindermädchen, Putzfrauen, Bardamen in Italien, Österreich oder Holland schufteten und mit dem, was sie dort verdienten, ihre Clans zuhause unterstützten. Jetzt streckten ihre Mütter, alte, ausgemergelte Frauen, ihnen die Kinder entgegen, die sie seit einem Jahr oder länger nicht gesehen hatten, und in all dem Schreien und Schluchzen und Umarmen im Flughafen ringsum drückten sie diesen die Stofftiere in die Hand und erschreckten sie, indem sie sie unablässig küssten und herzten

35

und dabei von Weinkrämpfen geschüttelt wurden. Einen Schritt abseits standen die alten Männer, die größeren Enkel an der Hand, und gaben sich tapfer Mühe, jetzt nicht zu verbergen, dass auch ihnen die Tränen über den struppigen Bart herunterliefen. In den nächsten Wochen kamen wir durch viele Dörfer, in denen nur Alte und Kinder lebten, weil die arbeitsfähige Generation fast vollzählig in den Westen oder nach Russland aufgebrochen war. Von da wie dort kamen die Frauen und Männer nur selten zu Besuch, zu ihren Eltern, die, so gut es ging, eine Generation aufzogen, die in Wahrheit elternlos war, und zu ihren Kindern, denen sie fremd wurden und die sie mit allerlei Geschenken überhäuften, um sie und sich selbst darüber hinwegzutrösten, dass sie sich in der Fremde zwar für sie abrackerten, aber zuhause über Jahre nicht für sie da waren.

Ich hatte in den ersten Tagen versucht, meinen Begleitern den kundigen Stadtführer zu geben, und erfuhr dabei, wie wenig ich selbst noch immer von Chișinău wusste. Stunden konnte ich auf dem Zentralmarkt verbringen, der sich von den berühmten Großmärkten Osteuropas, die ich in Odessa, Sofia, Riga besucht hatte, in einer Sache auffallend unterschied: Die Tausenden Buden waren auch hier dicht aneinander aufgestellt, Berge von Gemüse türmten sich darauf, verschrumpelte Kartoffeln, krumme Karotten, schief gewachsene Paprika und Pfefferoni, Melanzani, Zucchini, alles wohlschmeckend, wie ich längst wusste, und in der nahen Umgebung gewachsen, aber nicht von der für westliche Konsumenten notwendigen Gleichförmigkeit in Größe und Rundung. Ein eigener weißgekachelter Saal war einzig dem Schafkäse vorbehalten, der in großen Plastikschüsseln in der Lake lag; Tiere, zersäbelt und zerteilt oder im Ganzen angeboten, wurden auf blutigen Holzbänken im Freien und in den überdachten Hallen aufgelegt, und überall gab es Fische aus den Teichen zu erstehen, die die Stadt umgaben. Und natürlich übereinander geworfene Kleidung, Wäsche, Taschen, gestapelte Seifen, Kämme in allen Farben, Werkzeug für jederlei Verwendung, der ganze elektronische und digitale Ramsch. Selbst der fabrikneue Müll der chinesischen Spielwarenindustrie, der eines Tages die Kontinente unter sich begraben haben wird, war über Tausende Kilometer bis hierher gelangt, auf dieses Gelände zwischen dem Bahnhof und dem Boulevard mit seinen repräsentativen Gebäuden.

Eines aber war hier anders als überall sonst, wo ich mich mit jener Mischung aus Faszination und Übelkeit in die kleinen, gedrängten Gassen der großen Märkte begeben und an totem und lebendig verkauftem Tier hatte vorbeischieben lassen: Kaum einer der Budenbesitzer pries seine Ware lauthals an, die Frauen saßen, oft mit einem Kopftuch und in bunter Tracht, hinter ihrem Verkaufsstand und machten unbeteiligte Mienen, die rauchenden Männer luden die Besucher manchmal mit stummer Geste zum Hinschauen und Verweilen ein, aber das war schon das Aufdringlichste, zu dem sie sich hinreißen ließen, sonst ging es auf dem Markt, den täglich Zehntausende besuchten, ruhig, unaufgeregt, frei von Hektik und Aggressivität zu. Wie die Verkäufer und Besitzer der Marktstände einen zu nichts überreden, ja, nicht einmal auf ihre Waren aufmerksam machen wollten, wurde man von denen, die sich hinter einem anstellten, nicht gedrängt oder gar weitergeschoben. Die Leute, viele in schäbiger Kleidung, prüften lange, bevor sie etwas kauften und in ihre verschlissenen Taschen steckten, und sie zogen ihre Runden langsam durch den Markt, um ihn mit nicht viel mehr als den Nahrungsmitteln des Tages zu verlassen, aber sie taten es mit Bedacht, was die Waren, und mit Rücksicht, was die anderen Marktbesucher betraf, denen man auswich oder den Vortritt ließ.

Dies war es, was uns in einem Straßencafé mit einem Mal auffiel: dass in Chişinău kaum jemand auf der Straße herumkrakeelte oder im Streit laut wurde. Das Friedfertige konnte eine gespenstische Anmutung bekommen, etwa wenn man auf den Straßen um die drei Prachthotels aus der kommunistischen Ära – das hohe, jedoch fast sandig filigrane Hotel Chişinău, das klotzige Cosmos mit seinen 22 Stockwerken und die Ruinen des alten National – weiterzog und endlich den Bahnhof erreichte.

Einen saubereren Bahnhof hatte ich zwischen Norrköping und Neapel noch nicht gesehen, und auch wenige, die so elegant entworfen und schmuck gehalten waren. Schon der Vorplatz war stimmungsvoll, mit seinen hohen Bäumen, dem Brunnen und dem gar nicht auftrumpfenden Denkmal für die Deportierten des Stalinismus. Durch ein Tor mit osmanischer Ornamentik betraten wir einen auf den ersten Blick geradezu kakanisch wirkenden Bahnhof, auf sieben ineinander übergehenden Sälen mit je vier dicken Säulen schritten wir auf blitzblankem rot-weiß-schwarz gemustertem Marmor, und hier war mehr vorhanden, als man an einem solchen Ort erwarten konnte: ein medizinisches Zentrum für Reisende, die von Übelkeit befallen oder einer Krankheit niedergestreckt worden waren, ein großer Kiosk, der nationale und internationale Zeitungen anbot, elegante Wartesäle mit bequemen Sitzgelegenheiten, ein Café, ein Spielzimmer für Reisende mit Kindern, vier Aquarien mit kleinen und größeren Fischen, etliche Riesentöpfe, aus denen exotische Pflanzen wuchsen, eigene Schalter für die internationalen Verbindungen und andere für den regionalen Verkehr. Zwischen sie war ein Glaskubus gesetzt, in dem eine uniformierte Dame mit Kommissfrisur saß, die offenbar darauf wartete, den Schalterbeamtinnen zu Rate zu gehen, sofern diese vor einem Problem standen, das zu lösen sie nicht die Befugnis oder Erfahrung hatten. Drei dicke, vom Nichtstun verschwitzte Polizisten zogen gemächlich ihre Runde, und eine Putzkolonne war kehrend und wischend vom einen zum anderen Ende der Hallen und auf den Bahnsteigen unterwegs.

Wir merkten erst nach Augenblicken des Staunens, wie bizarr die Schönheit war, in die wir geraten waren. Der Bahnhof von Chişinău blieb in all seiner Pracht nämlich fast immer menschenleer, Reisende mit Koffern, misstrauisch beäugt, verirrten sich nur ausnahmsweise hierher, und die Stände und Schalter hatten nur geöffnet, um den Schein zu wahren, dass hier ein Bahnhof noch der üblichen Bestimmung eines solches Ortes diente. Die Matrone bei der einen Kassa, die wir fragten, ob es eine Zugverbindung ins transnistrische Tiraspol gäbe, war nicht nur verärgert, dass wir sie aus dem monatelang ungestörten Betrachten der leeren Halle rissen, sondern regelrecht empört, wortlos wies sie auf einen Schalter gegenüber: Wie dumm von uns, ihr Schalter trug doch weithin sichtbar die Aufschrift »Biglietti–Caseli«, hier konnte man nur die Karten erstehen, beim anderen Schalter gegen geringe Gebühr hingegen die Abfahrtszeiten der Züge erfragen! Wenn ich die Dame dort nicht falsch verstand, fuhren von diesem Geisterbahnhof tatsächlich vier Züge täglich ab, nach Moskau, Bukarest, St. Petersburg, Tiraspol, eine Auskunft, die sie mit 16 Lei berechnete, wofür ich von ihr vier umständlich ausgefüllte Rechnungsformulare erhielt. Auf den Bänken der Wartesäle saß kein Mensch, die Verkäuferin beim Zeitungsstand war eingenickt oder womöglich schon seit Wochen nicht mehr aufgewacht, die Cafeteria hatte geöffnet, aber nur zur Besichtigung, selbst die Fische trieben wie tot in ihren Aquarien. Als wir die Halle verließen, schüttelte die Uniformierte in ihrem Glaskubus heftig tadelnd den Kopf, hatte sie uns doch keinen Moment aus den Augen gelassen und beobachtet, wie wir aus purer Dummheit oder Renitenz die ewige Ruhe an ihrem Ort der Einkehr störten. Als wir gingen, fragte uns einer der Polizisten, ob uns der Bahnhof gefiele, den er offenbar für eine Sehenswürdigkeit hielt, zu der man von weither kam, um sie zu besichtigen, nicht für einen Ort, von dem man mit so etwas wie Zügen wegfuhr oder ankam, und als wir bejahten, schlug er vor, wir sollten uns für ein gemeinsames Foto mit ihm aufstellen, das sein herbeigerufener Kollege dann mit unserem Apparat machte. Als er mir freundschaftlich den rechten Arm um die Schulter legte und in die Kamera lächelte, wäre es ein Leichtes gewesen, dem Arglosen die Pistole aus dem Halfter zu ziehen.

Chişinău ist eine Stadt mit zahllosen Parks, kleinen, großen, riesigen, bestens gepflegten und verwilderten, zwei, die täglich von Tausenden aufgesucht werden, stehen sich auf der Hauptstraße Ştefan cel Mare nahezu gegenüber: der Parcul Catedralei und die Grădina Publică. Der Kathedralenpark mit seinem Triumphbogen, der Auferstehungskathedrale, dem Glockenturm firmiert als symbolische Mitte der Stadt. Von hier aus werden die Entfernungen berechnet, in denen sich die bedeutenden Gebäude der Stadt befinden, die orthodoxen Kirchen, die Theater, die Oper, das Rathaus, all die Amtsgebäude, von denen der Präsidentenpalast nur wenige Minuten entfernt auf unüberbietbar sinnreiche Weise am Boulevardul Ştefan cel Mare thront. Das imposante, hohe Gebäude, dessen Seitenfassaden aus weißem Stein originell von dunklen Glasfronten dazwischen verbunden werden, wurde erst 1990 fertiggestellt, als die Sowjetunion schon in ihren agonalen Zügen lag. Seit 1991 wechselten in der souveränen Republica Moldova einander kommunistische Regierungen, die auf gute Beziehungen zum längst nicht mehr kommunistischen Russland setzten, nationalrumänische, die die Vereinigung mit Rumänien anstrebten, und liberale ab, die auf Hilfe und Beistand der Europäischen Union bauten. Schamlos bereichert haben sie sich alle, wie sie auch allesamt darin wetteiferten, die Wahlergebnisse zu fälschen, wofür sie, je nachdem, von Russland und der Union ausdrücklich gelobt oder getadelt wurden. Weil sich seit 2000 immer wieder in die Hunderttausende gehende Demonstranten vor dem Präsidentenpalast versammelten und ihn zu stürmen drohten, haben die Korruptionisten aller Seiten beschlossen, ihn bis auf Weiteres einfach nicht mehr zu nutzen. Hunderttausende würden sich auch in diesem Jahr vor dem leeren Palast und kilometerweit auf dem Boulevard hinauf und hinunter versammeln, um dagegen zu protestieren, dass prorussische Oligarchen und proeuropäische Politiker, die einander im Parlament spinnefeind waren, gemeinsam nicht weniger als eine Milliarde Euro, ein Sechstel des ganzen Bruttoinlandsprodukts, aus drei Großbanken verschwinden ließen und kein Staatsanwalt klären konnte, wie dieser gewaltige Raub des nationalen Vermögens geschehen konnte und wohin die ungeheuren Summen verschoben wurden.

Dem Park der Kathedrale schräg gegenüber befindet sich der öffentliche Stadtgarten, der von der Bevölkerung als Puškin-Park bezeichnet wird und in dem sich die »Allee der Dichter« befindet, durch die ich manchmal schlenderte. Mit seinem volkstümlichen Namen huldigte der Park einem russischen Klassiker, der Chişinău kannte und hasste. Unter den Büsten, die aneinandergereiht waren, fand ich hingegen vorwiegend rumänische Autoren, die niemals in Bessarabien gelebt hatten, aber für das moldauische Geistesleben dennoch von großer Bedeutung waren, wie Mihai Eminescu aus dem 19. oder Tudor Arghezi aus dem vergangenen Jahrhundert, Dichter von weltliterarischer Bedeutung. Dazwischen wurde gezählten genuin bessarabischen Autoren gehuldigt wie dem großen Dimitrie Cantemir, dem Universalgelehrten des frühen 18. Jahrhunderts, der in der Fülle seiner Talente und Interessen eine im Westen Europas unbekannt gebliebene, indes überragende Gestalt der europäischen Aufklärung war, Verfasser einer Enzyklopädie aus französischem Geist, erster Historiograph der moldauischen Geschichte, zudem Naturforscher, Philosoph, Komponist und Retter osmanischer Musikpartituren. Wie selbstverständlich haben die Chişinăuer Kulturpolitiker zuletzt aber auch die Büste des rumänischen Autors Adrian Păunescu dem Ehrenhain eingegliedert: Der hatte in seiner Jugend die Verse Bob Dylans ins Rumänische übersetzt, mit seiner schönen Stimme sanft rebellische und melancholische Lieder gesungen, die in ganz Rumänien und Moldawien populär waren, und in den achtziger Jahren die große Liebe seines Lebens gefunden, den Despoten Nicolae Ceauşescu, dem er als mit Geld und Ehren überhäufter Hofdichter schamlos Poeme und Lieder widmete.

Wir flanierten abends oft in diesem Park, ehe wir in eines unserer Stammlokale gingen, ins Eli Pili, in dem die Kellner Russisch sprachen und die Speisekarte die Gerichte zuerst auf Russisch, dann auf Rumänisch anführte, oder in das Restaurant Propaganda, in dem die Kellner Rumänisch sprachen und die Speisekarte die Gerichte zuerst auf Rumänisch, dann auf Russisch aufzählte. Beides waren freundliche Restaurants, in denen man ausgezeichnet speisen konnte, denn die Moldauer, so arm sie sind, verfügen über eine ausgezeichnete Küche. Ihre Küche ist vorzüglich, nicht obwohl, sondern weil die Leute so arm sind und deswegen nur auf den Tisch kommt, was nicht von weit herbeigeschafft werden muss, sondern in der Umgebung wächst und gedeiht.

Oft hörten wir, wie im Eli Pili und im Propaganda die Sprache an den großen Tischen gesprächsweise von Satz zu Satz oder Person zu Person wechselte. Da sprach ein Jüngling eindringlich auf Rumänisch auf ein Mädchen ein, das ihm wie selbstverständlich auf Russisch antwortete, dort wurde auf Russisch geschmachtet und auf Rumänisch zurückgeschmachtet, und so ging es an manchem Tisch dahin, wo in zwei Sprachen debattiert und gescherzt und geflirtet wurde. War dies die Lösung, die natürliche Lösung des künstlichen, immer neu geschürten Sprachproblems, das in der Republik Moldau das alltägliche Leben ethnisierte und die politische Entwicklung hemmte? Würden das Rumänische und dass Russische ausgerechnet im Gespräch der Liebenden zur Gleichberechtigung finden? Konnte das geschehen – in einem Staat, in dem das Russische gegen die Mehrheit der Bevölkerung so lange dominierte und die aus allen sowjetischen Republiken nach Moldawien versetzten Bürokraten und Parteikader sich fast fünfzig Jahre lang geweigert hatten, auch nur ein Wort der Landessprache zu erlernen?

Auch Horea hegte diese Hoffnung, aber er blieb skeptisch. Seine Studenten und Studentinnen trugen im Hörsaal keine nationalen Kämpfe aus. Aber trotzdem war es nicht einmal ihm möglich, sie für gemeinsame Feiern zu begeistern. Die russischen Studenten feierten den Tag des Sieges der Roten Armee über die Faschisten, den ihre rumänischen Kollegen zugleich für den Tag hielten, an dem die sowjetische Okkupation ihres Landes begann; die Rumänen feierten den Tag, an dem die Moldau 1991 ihre Unabhängigkeit ausgerufen hatte, den ihre russischen Kollegen für den Tag hielten, an dem sie in ihrem Land zur Minderheit geworden waren. Darüber hinaus aber, sagte Horea, waren die meisten, die sich für ganze Russen hielten, in Wahrheit selbst halbe Rumänen oder Bulgaren oder Ukrainer, und jene, die sich für ganze Rumänen hielten, in Wahrheit halbe Russen. Und als solche, als halbe Rumänen, die halbe Russinnen liebten, und halbe Russen, die halbe Rumäninnen liebten, wären die meisten von ihnen noch immer fest davon überzeugt, dass ihre Nationalität eine heilige Sache wäre.

5

Und dann wollte ich doch endlich das Land der Gagausen sehen, von dem mir schon so viele erzählt hatten und keiner Genaueres zu sagen wusste. Comrat, die Hauptstadt der Unitatea Teritorialǎ Autonomǎ Gǎgǎuzia, des autonomen Gebietes Gagausien, lag rund siebzig Kilometer südlich von Chişinǎu. Wir fuhren früh los, und nach dreißig Kilometern wurde die Straße immer schlechter, das Land immer schöner. Weit zogen sich die sanft abfallenden Weinberge dahin, die Teiche mit ihrem hellblauen Wasser glitzerten im Vormittagslicht, und am Rande der Dörfer lagen die Fußballfelder, auf denen beim einen Tor die Dorfjugend spielte, beim anderen die Schafe grasten. Bald war auf der Hauptstraße fast kein Weiterkommen mehr, so tief und breit waren die Löcher im Belag, dass die Autos in beiden Richtungen im Schritttempo Schlangenlinien fuhren. Dies war die Hauptstraße in den Süden, auf der die Waren aus der Provinz in die Hauptstadt gebracht und umgekehrt viele Dinge des täglichen Bedarfs in den Süden verfrachtet wurden, eine Route, von der geplant war, dass sie dereinst dem großen europäischen Verkehrsnetz angeschlossen werde. Horea, der am Steuer seines alten Volkswagens mit dem rumänischen Kennzeichen saß, der schon viele Reisen überstanden hatte, ärgerte sich mehr als wir, weil er wusste, warum die Straßen gerade hier so schadhaft waren. Sie waren kaputt, weil sie erst vor wenigen Jahren, finanziert von der Europäischen Union, neu asphaltiert wurden! Um sich von den Geldern etwas abzuzweigen, hatte die Straßenbaubehörde auf die uralten, in Wellenform dahinführenden Lehmstraßen nur die Deckschicht des Asphalts auftragen lassen, auf die Trage- und Bindeschichten, also die belastbare Unterlage aber verzichtet. So waren die großzügig geplanten, billig instand gesetzten Schnellstraßen nach drei Jahren in schlechterem Zustand als

die alten sandigen Landstraßen, auf denen man im Auto schau-
kelnd dahinfuhr, aber nicht mit jäh und tief aufbrechenden
Löchern im Belag und mit wegrutschenden Banketten rechnen musste.

Nach zwei Stunden sahen wir ein markantes Zeichen in einem Feld: zwei schmale, blau-weiß-rot hochragende Pfeiler mit
kräftigen Querbalken, auf denen »Gagauz Yeri« geschrieben
stand. Wir hatten das Land der Gagausen erreicht, denen seit
1995 in der Republica Moldova eine weitreichende Autonomie
zugestanden wird. Wer die Gagausen sind, darüber gibt es wohl
zwanzig ethnographische Ursprungstheorien, und ich gewann
den Eindruck, dass die Gagausen es selbst nicht recht wussten
und es sie auch nicht sonderlich interessierte. Sicher ist, dass sie
der Sonderfall eines christlichen Turkvolks sind, das vor Jahrhunderten aus dem asiatischen Osten westwärts wanderte, die
islamische Religion abgestreift und das orthodoxe Christentum angenommen hat. In zwei Wellen sind sie um 1800 nach
Bessarabien eingewandert, wo sie fast 180 Jahre in ihren Dörfern lebten, ohne sich um die Frage zu kümmern, ob sie eine
eigene Nationalität darstellten oder zu einer solchen werden
sollten. Außer einigen Gebetsbüchern und Liedersammlungen
verfügten sie lange über keine eigenen Bücher und nur über
wenige Angehörige jener intellektuellen Schicht, die sich in
der Regel als Erste für die Idee begeistert, dass eine bestimmte
Gruppe von Menschen eine eigene Nationalität bildet.

Dem Türkischen eng verwandt, ist das Gagausische, das die
längste Zeit nur gesprochen wurde, erst spät zur cyrillischen
Schriftsprache geworden. Die Türkei, der die Gagausen einst
als Christen entflohen, hat diese vor drei Jahrzehnten als verlo-
renes Turkvolk entdeckt und den Wechsel von der cyrillischen
zur lateinischen Schreibweise kulturpolitisch gefördert und
mit dem Druck neuer Schulbücher finanziert. Zwar hatten
im Laufe des 20. Jahrhunderts vereinzelte Pfarrer und Intellek-

tuelle versucht, eine spezifisch gagausische Identität zu entwerfen, doch kam mir vor, das gagausische Volk hätte erst durch äußeren Druck begonnen, sich als Nation zu empfinden. Unter diesen Druck geriet es, als die erste Regierung der Republik Moldau 1991 ihr nationalistisches Sprachgesetz erließ und das Rumänische zur alleinigen Staatssprache erklärte. Das bedeutete auch, dass es nicht nur den Russen, sondern auch den Ukrainern, Bulgaren und Gagausen, die sich untereinander seit jeher auf Russisch verständigten und meist nur über mangelhafte Kenntnisse des Rumänischen verfügten, verwehrt wurde, Beamte zu werden oder ein politisches Amt anzutreten. Erst damals entstand eine mächtige gagausische Volksbewegung, die, wie die der Russen in Transnistrien, die Abspaltung von der Republik Moldau anstrebte. Als ein paar Jahre später eine moderate Regierung das unvernünftige wie ungerechte Sprachgesetz abschaffte, haben die 170 000 Gagausen sich dafür entschieden, innerhalb der Republik Moldau zu verbleiben.

Comrat ist nur für jene Besucher die Reise wert, die ein Gefühl für die Schönheit hässlicher Städte haben. Ein paar große Plätze, etliche gedrängte Gassen, in denen auf den ein- und zweistöckigen Gebäuden unzählige Tafeln in schreienden Farben hingen, die für alles Mögliche warben, für eine Imbissbude, die nur zwanzig Meter weiter stand, für ein Reisebüro in Istanbul, einen Autoverleih in Chișinău. Dutzende Banken waren hintereinander in bunten Fertigteilhäusern untergebracht, die wirkten, als wären immer neue Garagen und Etagen hinzugebaut worden. Auf den engen Straßen schienen am späten Vormittag nahezu alle der 23 000 Einwohner unterwegs zu sein.

Verlassen wirkte hingegen die breite Hauptstraße, die immer noch nach Lenin benannt war, der vor dem Haus der Volksversammlung mit Mütze und Aktentasche unter dem Arm einsam auf einem Podest thronte und auf einen leeren Platz schaute.

Nicht weit davon gerieten wir auf eine Promenade, so merkwürdig, wie ich wenige gesehen habe, die einen kleinen Berg hinaufführte. Auf der linken Seite standen die fünfzig Meter langen dreistöckigen Gebäude der Universität, auf der rechten bäuerliche Hütten und einstöckige Häuser, in denen, wie Horea vermutete, die Professoren wohnten. Diese Häuschen hatten alle einen Hühnerstall im Garten, und auf dem Weg vom Hühnerstall zum Hörsaal galt es nur die »Allee des Ruhmes« zu überqueren, auf der wir nun schritten, einen breiten Weg, der von den Büsten bedeutender Persönlichkeiten gesäumt wurde. Den Beginn machten drei Heroen der Demokratie, der einstige türkische Präsident Süleyman Demirel, der kasachische Diktator Nursultan Nasarbajew und der aserbeidschanische Despot Heydar Aliyev, die alle drei, mit welchen Absichten auch immer, die Gagausen in ihrem berechtigten Streben nach nationaler Autonomie unterstützt hatten. Auf sie folgten die Büsten des moldauischen Genius Cantemir und des russischen Genius Puškin und die von etlichen Gelehrten und Publizisten, die meist mit der Universität gleich nebenan zu tun und das ihre dazu beigetragen hatten, dass in den Gagausen ein Bewusstsein ihrer Nationalität erwachte.

Wir waren zu Mittag mit einem jungen Sozialwissenschaftler verabredet, mit dem ich einige Mails ausgetauscht hatte und der mich jetzt, als ich ihn zum ersten Mal persönlich traf, seltsamerweise bat, ihn nicht namentlich zu zitieren. Dabei hatte er in Zeitungen und Zeitschriften etliche Artikel publiziert, die die gagausische Sache leidenschaftlich verfochten! Er sagte mir nicht, warum ich seinen Namen nicht nennen durfte, aber ich vermutete, es hing damit zusammen, dass er gerade selbst begonnen hatte, an seinen im Land bekannten Überzeugungen zu zweifeln. Er erwartete uns in einem Lokal am Rande des großzügigen Parks, der sich um die hellgelb gestrichene Kathedrale erstreckte. M. war ein schlanker, fast blonder Mann mit wachen dunklen Augen und einer geradezu mädchenhaft hellen Stimme, die von den vielen Zigaretten, die er rauchte und die seine Finger schon früh nikotingelb verfärbt hatten, noch nicht rau geworden war. Ich hatte erwartet und insgeheim sogar gehofft, in ihm einen überzeugten und überzeugenden Verfechter der gagausischen Autonomie zu treffen, er erwies sich aber als skeptischer Intellektueller, dem nationales Pathos fremd und die gagausische Autonomie, die von manchem internationalen Experten als Vorbild für Länder mit nationalen Minderheiten gerühmt wurde, kein patriotischer Selbstzweck war. Vor allem, fragte M. sich, ob es diese Regelung den Gagausen erleichtere, nicht nur als Volksgruppe zu überleben, sondern im Alltag ein besseres Leben zu führen. In der sozialen Misere, aus der sie nicht herausfänden, wäre den Gagausen nach und nach die Begeisterung für ihre weitreichende Autonomie, ja, für ihre nationale Identität inzwischen fast abhandengekommen.

M. berichtete, dass auch in Gagausien Tausende Frauen zwischen zwanzig und vierzig ihre Familien verließen, um im Ausland für diese zu arbeiten. Nur gingen die Gagausinnen nicht wie die anderen Moldauerinnen nach Russland oder Westeuropa, sondern nach Istanbul, wo es in den besseren Kreisen geradezu Mode geworden sei, sich eine gagausische Haushälterin oder Kinderfrau zu halten. Obwohl das gagausische Parlament mit dem Baschkan, dem Gouverneur, sogar die steuerliche Oberhoheit über die Provinz innehatte und zudem von der Zentralregierung finanzielle Förderungen ins Land kamen, sei es nicht gelungen, den Wohlstand im Gagauz Yeri zu heben. Zudem wussten die Gagausen nicht mehr recht, wen sie als ihren wahren Freund und mächtigen Förderer anerkennen sollten: das ferne Russland, dem sie sich kulturell stets verbunden gefühlt hatten – oder die ferne Türkei, die sich seit zwanzig, dreißig Jahren den armen Verwandten mit wohlwollendem

Paternalismus zuwandte. Mit den Russen verband die Gagausen die Religion und die Erinnerung an die vermeintlich gute alte Zeit, mit den Türken die Sprache.

Wie mir M. dieses Dilemma schilderte, hatte ich das Gefühl, er sähe die reale Gefahr heraufdämmern, dass der jahrhundertealte Konflikt zwischen Russland und der Türkei sich einen seiner nächsten Schauplätze ausgerechnet bei den Gagausen suchen könnte, von deren bloßer Existenz in Europa und in der Welt doch kaum jemand etwas wusste. Er war ein scharfsinniger Denker, der es nicht deutlich aussprach, aber inzwischen offenbar für das Beste hielt, wenn sich die Gagausen weder auf Russland noch auf die Türkei verließen. Wo sah er dann die Zukunft seines kleinen Volks? In der bitterarmen, in ihrem politischen und ethnischen Gleichgewicht so fragilen Republik Moldau, in der sich erst eine eigene, eine aus all den verschiedenen Volks- und Sprachgruppen gespeiste moldauische Nation bilden müsste?

Von Comrat waren es noch einmal hundert Kilometer südwärts bis nach Taraclia. Fuhren wir von der Hauptstraße ab, kamen wir durch ruhige alte Dörfer, in denen die Häuser blau, rot, grün gestrichen und die Dächer und Giebel mit kunstvollen Bändern aus silbernem Blech verziert waren. Jedes Dorf hatte noch seinen Brunnen, dessen Dach mit der gleichen aufwendigen Spenglerarbeit versehen war, mit fein gemusterten Bändern aus Eisenblech, die im ganzen Land kunstvoll von den Roma hergestellt wurden. Hinter den Dörfern verloren sich die Straßen in den Feldern, sodass wir umdrehen und wieder auf den Hindernisparcours der Schnellstraße zurückkehren mussten. Taraclia war ein Riesendorf mit Universität, ein Dorf, das zur Unstadt demoliert worden war, mit einigen hohen Plattenbauten, die irgendwo in die Wiese gesetzt wurden und schon zu verfallen begonnen hatten, noch ehe sie fertiggestellt worden wären.

In diesem südöstlichen Eck des Landes stellten die Bulgaren die Mehrheit, die es aber nie darauf abgesehen hatte, eine autonome Region für sich zu beanspruchen. Immerhin eine eigene bulgarische Universität, die in einem auffallend lieblosen Bau untergebracht war, hatten sie vor ein paar Jahren gegründet. Auf dem Weg dorthin kamen wir durch eine Straße, in der vier klapprige Autos, allesamt mit geöffnetem Kofferraum, nebeneinander standen. Vier alte Herren wachten mit freundlicher Gleichmut über die Zuckermelonen, die sie von ihren kleinen Gütern hierhergebracht hatten, und warteten auf Käufer. Als meine Frau den Fotoapparat hob und fragte, ob sie die Herren vor ihren improvisierten Marktständen im Kofferraum fotografieren durfte, nahmen sie nach kurzem Bedenken Haltung an. Sie wischten sich die Haare aus dem Gesicht, steckten die ärmellosen Unterleibchen in die Hose, warfen die Zigaretten weg und machten ihr ernstes Fotogesicht. Als wir uns verabschiedeten und weitergingen, eilte uns einer, der näher bei achtzig als bei siebzig war, hinterher: Als Dank für das Bild, das wir von ihm mit in die Welt nehmen würden, schenkte er uns eine große, feste Zuckermelone, die, als wir weiterfuhren, den Wagen binnen kurzem mit einem geradezu berauschend süßen Duft erfüllte. Ich schaute aus dem Fenster und döste über eine Erfahrung, die ich schon oft gemacht hatte und die mich doch immer wieder überraschte: dass ich auch in den hässlichsten Städten, durch die ich gekommen war und die mir wie die Verneinung des Lebens selbst erschienen, Menschen traf, die mir generös begegneten und lebensfroh das ihre schätzten, so wenig es auch war.

6

Das Territorium der Republica Moldova wird von zwei Flüssen begrenzt, dem Pruth im Westen, der über die gesamte Länge des Staatsgebietes die Grenze zu Rumänien bildet, und dem Dnister im Osten, der Moldawien zuerst zur Ukraine, danach zur abtrünnigen Provinz Transnistrien und im Süden wieder zur Ukraine hin abgrenzt. Beide Flüsse entspringen in den Karpaten und durchqueren, ehe sie Bessarabien erreichen, auf ihrem Weg aus dem Norden und Westen die mythenreiche Bukowina, an beider Ufern wurden legendäre Städte errichtet, an der Pruth das habsburgische Czernowitz, aus dem das ukrainische Černivci geworden ist, am Dnister die kleine Feste Halytsch, die der habsburgischen Provinz Galizien den Namen gab. Der seinen geraden Lauf nehmende Pruth mündet im äußersten Südwesten des Landes in die Donau, die gerade noch 570 Meter lang auf moldauischem Gebiet fließt und sich bald darauf zum Delta erweitert und ins Schwarze Meer übergeht. In dieses ergießt sich in einem eigenen mächtigen Liman auch der Dnister, der in seinem Verlauf reich an Windungen und Schlingen ist, die den Vögeln prächtige Nistplätze, den Anwohnern geschützte Badeplätze bieten.

Die 40 000 Einwohner zählende Stadt Cahul, wo wir an einem gleißenden Spätnachmittag eintrafen, lag nur ein paar Kilometer vom Pruth entfernt, war die größte moldauische Stadt in seiner Nähe und bildete das geschäftige Zentrum im Süden des Landes. Die Stadt war von Hügeln umgeben, auf denen die besten Trauben wuchsen, und mir fiel ein, was ich in einem alten Buch über die k. u. k. Monarchie gelesen hatte, dass nämlich vor 150 Jahren bei den Staatsbanketten des österreichischen Kaiserhauses oft moldawischer Wein gereicht wurde. In der Region Cahul gedieh vor allem Rotwein, von dem einst enorme Mengen in die Sowjetunion exportiert wurden. Regiert in der Republik gerade eine ihm genehme Partei, importiert Russland auch heute nahezu die gesamte Produktion eines Jahres, um den Import bei Fehlverhalten der moldawischen Wähler im Jahr darauf wieder einzustellen. Die moldawischen Winzer sind von Russland so abhängig, dass sie seit einiger Zeit verzweifelt versuchen, ihre Anbauflächen mit namhaften Weinproduzenten aus Italien oder Frankreich zu teilen, was es ihnen erleichtern soll, auf den freilich von eigenen Luxus- und Billigweinen gefluteten Markt der Europäischen Union vorzudringen.

Eine Kurstadt mit schwefelhaltigen Quellen und etlichen Sanatorien, ist Cahul im 19. Jahrhundert schachbrettartig angelegt worden, mit einem großzügigen Park im Zentrum. Seit einigen Jahren ist er nach dem Dichter Grigore Vieru benannt, dessen mannshohes Denkmal mir schon im Frühjahr, als ich das erste Mal in die Moldau kam, auf dem Zentralfriedhof von Chișinău aufgefallen war. Es zeigte einen schlaksigen Mann mit langem Haar, der die Arme trotzig verschränkt und die Beine in Bluejeans überkreuzt hielt. Vieru, der 2009 bei einem Autounfall ums Leben kam, verfasste freche Kinderbücher und Lieder für die besten Chansonniers des Landes – ein moldawischer Hippie, der seine Popularität nutzte, um für die Wiedergeburt der rumänischen Sprache einzutreten. Im Schatten mächtiger Bäume spazierten wir durch seinen Park und störten uns daran, dass aus allen Richtungen Musik dröhnte, denn ausgerechnet in Cahul mit seinen Kurhäusern waren wir endlich doch in eine laute moldawische Stadt geraten. In den Straßencafés wurde Livemusik gespielt, und die jungen Leute, wenn sie mit ihren Autos die immer selben Runden drehten, hielten die Fenster geöffnet, auf dass sich die Passanten über ihren wummernden Ethnopop ärgerten.

Vieru, dem der große Park gewidmet war, stammte aus Chișinău. In Cahul geboren wurde hingegen die berühmte, rasch vergessene Marina Liviţchi, der ein Schicksal beschieden war, wie es in Europa Menschen vorbehalten ist, die aus den randständigen Ländern unseres Kontinents stammen. Marina erkrankte bald nach der Geburt an Kinderlähmung, die verhinderte, dass ihr gerade Gliedmaßen wuchsen, wurde von den Eltern in ein Heim abgeschoben und schaffte es dennoch, das Gymnasium zu absolvieren und als Rollstuhlfahrerin in den letzten Jahren der Sowjetunion an der Universität St. Petersburg zu studieren und in Soziologie und Jus zu graduieren. In den neunziger Jahren gründete sie die erste Selbstorganisation moldauischer Behinderter, und vier Jahre lang leitete sie als Abgeordnete im Parlament die Ausschüsse für Sozial- und Umweltschutz. Später lehrte sie an der Akademie für Wirtschaftswissenschaften und an der Juristischen Fakultät in Chişinău. Die kleine und zerbrechliche Frau im Rollstuhl war im ganzen Land bekannt, doch als sie sich mit den Mächtigen des Staates und der Wirtschaft anlegte, schützte sie das nicht, ins Elend abzustürzen. Die Kommunistische Partei, die damals bereits ihr Bündnis mit der orthodoxen Kirche geschlossen hatte und das Land mit Weihrauch einnebelte, überzog Marina Liviţchi mit einer Kampagne, die in der Anklage gipfelte, sie würde insgeheim daran arbeiten, die heilige Orthodoxie mit katholischen Lehren zu zersetzen. Als ihre Familie bedroht wurde, floh sie mit ihrem aus Sibirien stammenden Mann und den Töchtern in die Schweiz, wo sie, die Parlamentsabgeordnete und Universitätsprofessorin, in Basel eine stadtbekannte Erscheinung wurde, weil sie über Jahre am Hauptbahnhof die Obdachlosenzeitung *Sunshine* verkaufte, um sich und die ihren über Wasser zu halten.

In Cahul, dessen Hotellerie sommers mit russischen Kurgästen ausgebucht ist, fanden wir über Stunden keine Zimmer, in denen wir hätten nächtigen können. Endlich hielt neben uns ein Pferdefuhrwerk, auf dessen Kutschbock ein junger dürrer Mann saß, der mit dem Handy telefonierte und uns aufmunternd zulächelte. Ihn fragten wir, wo wir um Himmels willen in dieser Gegend noch unterkommen konnten, jetzt, da es bereits dunkel geworden war. Er dachte kurz nach, dann rief er verschiedene Leute an, mit denen er sich fast schreiend unterhielt, und beschied uns endlich strahlend, dass in Roșu, einem Ort, der sechs Kilometer nordwärts lag, ein Mann namens Constantin Furtună auf uns wartete.

Roșu war ein stockfinsterer Weiler ohne Straßenbeleuchtung. Auf der langgezogenen Dorfstraße heulten die Hunde bei jedem Haus, das wir im Schritttempo passierten, bis in der Dunkelheit ein junger Mann am Straßenrand winkte und, als wir bei ihm ankamen, zur Begrüßung auf das Autodach klopfte. Constantin Furtună, ein rötlich blonder Mann von dreißig Jahren, führte uns den abschüssigen Weg zu seinem von einem wildwuchernden Garten umgebenen Haus hinunter. Obwohl wir angekündigt waren, hatte er es unterlassen, die Räume zu lüften, sodass wir das Gefühl hatten, in ein dampfendes Treibhaus zu geraten. Furtună war stolz auf sein verwinkeltes Haus mit den unebenen Böden und schiefen Wänden, die er lindgrün und hellblau gestrichen hatte. Sein Vater, erzählte er, musste sich in Russland verdingen, Schwester und Mutter arbeiteten in Italien, und da er, als Einziger, dieses Haus, sein Roșu, das Land am Pruth nicht verlassen wollte, habe er sich entschieden, es mit einer Herberge zu versuchen.

Er war ein Eigenbrötler und Emphatiker, der dem Schicksal, das über seine Generation verhängt war, trotzen wollte und sich im Selbststudium Kenntnisse auf den verschiedensten Gebieten, von der Buchhaltung zur digitalen Werbung, vor allem aber im Gartenbau angeeignet hatte. Weitum galt er als ökologischer Pionier, und auch wenn sein Garten noch keine sehenswerten Früchte trug, war der Anspruch, den er sich setzte, doch verwegen: In der Einöde von Roșu, einem gottverlassenen Ort, ein kleines ökologisch geführtes Gut aufzubauen und nach und nach Reisende, die es auf seine Internetseite verschlug, hierher umzuleiten. Er träumte nicht von vornehmen Gästen, nicht von Wohlstand, sondern davon, im Einklang mit sich und der Natur durch den Anbau von Obst und das Vermieten von Zimmern so viel zu verdienen, dass er sein Vaterhaus, wie er es nannte, erhalten und sich ernähren konnte und nicht den Weg in die fremden Städte nehmen musste.

Die ganze Nacht über heulten die Hunde, am Dorfeingang fing einer an, dann sprang das böse Gebell von Haus zu Haus, bis es am Dorfende angelangt war und denselben Weg zurücknahm. Es war so heiß im Haus und so geifernd laut im Ort, dass ich nicht schlafen konnte und beim ersten Morgengrauen aufstand und in den Garten hinaustrat. Jetzt fiel mir auf, wie sorgsam Furtună darauf achtete, dass der leicht abfallende Garten wild, aber nicht ungepflegt wuchs. Und als sein zotteliger Hund herbeitrottete und sich zu meinen Füßen auf den taufeuchten Boden legte, begriff ich, dass er sich am wütenden Bellen, das seit Stunden durch den Ort jagte, nicht beteiligt hatte. Bald nach mir erschien Furtună in seinem grau tagenden Garten, und er sagte mir, kopfschüttelnd über so viel Unverstand, dass seine uneinsichtigen Nachbarn ihre Hunde ein ganzes Hundeleben lang angekettet hielten, sodass sie keinen Auslauf hatten, bösartig wurden und ihr Elend jede Nacht wieder ausheulten.

Wie schön wäre die Straße in den Norden gewesen, wenn sie den Fluss entlanggeführt hätte! Sie hielt aber beständig fünf bis acht Kilometer Abstand zum Pruth, in dessen Auwäldern seit ein paar Jahren eine versteckte Außengrenze der Europäischen Union hochgerüstet wurde. Wir kamen durch verschlafene Dörfer, in denen sich die bunten Holzhäuser mit den reichverzierten Dächern reihten und mehr Pferdewagen als Autos unterwegs waren, doch wenige Kilometer westwärts war der europäische Fortschritt eingekehrt. Ich hatte schon im Frühling erlebt, was er bedeutete. Mit dem Fotografen Kurt Kaindl, den ich im April in Chişinău getroffen hatte, weil er, als ich meine Lesungen hielt, in einer Ausstellung seine Fotografien zeigte, war ich damals im Leihwagen an den Pruth gefahren, aus keinem anderen Grund als dem, dass ich den Fluss, von dem ich in den magischen Gedichten der Rose Ausländer gelesen hatte, einmal mit eigenen Augen sehen wollte. Damals ging die Reise nicht wie jetzt durch eine farbenreich blühende, sondern eine geradezu farblose Landschaft. In einer Stadt namens Leova, sechzig Kilometer nördlich von Cahul, die fast als einzige direkt am Fluss lag, machten wir halt. Schon bei der Einfahrt, wo die Trutzburgen des realen Sozialismus verfielen, war zu erkennen gewesen, dass der Ort seine beste Zeit lange hinter sich hatte.

Das Befremdliche aber war, dass niemand, den wir nach dem Weg fragten, uns sagen konnte, wo es hinunter zum Fluss ging. Die Leute redeten aufgeregt durcheinander und begannen in verschiedenen Sprachen miteinander zu streiten, auf Russisch, Rumänisch, Bulgarisch, Ukrainisch, aber ein jeder deutete in eine andere Richtung. Endlich ließen wir das Auto stehen und gingen zu Fuß weiter, wir gerieten in einen verfallenden Ortsteil und dahinter in ein dichtes Wäldchen, und als wir eine Zeitlang durch den Morast einer Au gestapft waren, sahen wir hinter dem kaum durchdringlichen Gesträuch ein silbriges Band: der Pruth! Er war schmal, nicht viel mehr als ein Rinnsal, bei dessen Anblick es schwerfiel zu glauben, dass dies der vielbesungene Fluss der Gedichte und Geschichte war.

Als wir uns umwandten, schauten wir in acht Maschinengewehre. Die Sondereinheit des Grenzschutzes hatte von zwei Fremden gehört, die die Einheimischen ausfragten und im Gelände herumstreiften. Der Trupp, der uns aufspürte, war sich nicht sicher, ob wir Flüchtlinge waren, die ausgerechnet hier, an einer schmalen Stelle des Flusses, illegal über die Grenze ins Reichsgebiet der Europäischen Union setzen wollten, oder Schlepper, die nach einer Furt suchten, um an einem der nächsten Tage eine Gruppe Elender hinüber zu schleusen. Instinktiv begannen Kurt und ich in unserem Schreck begütigend auf die Uniformierten einzureden und Scherze über ihre Ausrüstung, unsere erdverklumpten Schuhe, das merkwürdige Zusammentreffen und die beklemmende Situation zu machen, doch keiner lächelte zurück oder reagierte anders als dadurch, dass er sich Mühe gab, keine Miene zu verziehen.

Um in Vorverhandlungen über Verhandlungen zum Beitritt in die Europäische Union einzutreten, hat die Moldau die Grenze zum Unionsmitglied Rumänien aufrüsten müssen, auf dass niemand über dieses Land und diesen Fluss in die Union gelangen könne. Die Moldau selbst hat überhaupt nichts davon, dass sie sich von der Union und für die Union zum Grenzwächter abkommandieren ließ. Aber sie muss den Grenzwächter spielen, um mit der Union im Gespräch zu bleiben, und sie spielt ihn gewissenhaft. Überall im Lande rosteten die industriellen und landwirtschaftlichen Maschinen der einstigen Kombinate dahin; allein dieser Kampftrupp war technologisch mit Computern, Nachtbildkameras, Maschinengewehren auf den Unionsstandard A1-plus gebracht worden.

Die Uniformierten, die mit Stiefeln, Helmen, Schutzwesten wie einem amerikanischen Splatter-Movie entsprungen und zudem alle miteinander und mit einer geheimen Kommandozentrale in Chişinău, vielleicht aber auch in einer deutschen oder französischen Kaserne verbunden schienen, führten uns zu einem gepanzerten Wagen, der am Rande des Wäldchens stand, und hießen uns einsteigen. Der Panzerwagen erinnerte mich an jenen, aus dem ich im Fernsehen Nicolae Ceauşescu und seine Frau Elena hatte steigen sehen, bevor ihnen der kurze Prozess gemacht wurde. Es war der erste Panzer meines Lebens, und ich war erstaunt, wie muffig es in ihm roch. Um der Beklemmung Herr zu werden, versuchte ich es mit ruchlosen Witzen, und darum erzählte ich Kurt von dieser berühmten Filmszene des gefangenen Despoten, worauf mir Kurt höflich sogleich zurückgab, dass er mir selbstverständlich den Vortritt beim Hinrichtungskommando überlassen werde. Wir mussten lachen und schauten in lauter Gesichter, die darauf trainiert waren, keine Gefühlsregung erkennen zu lassen. Merkwürdigerweise hielt der gepanzerte Wagen nicht in einer Kaserne oder vor einer Polizeistation, sondern auf einem großen Platz im Zentrum, wo wir vor einem Gasthaus, das den passenden Namen Relaxy trug, verhört wurden. In sicherem Respektsabstand scharte sich nach und nach die Stadtjugend offenbar vollzählig um uns im Halbkreis, um zu beobachten, was geschah. Das Gespräch ging hin und her, die Landkarte, auf der ich einige Orte markiert hatte, die in der Nähe des Pruth lagen, wurde zum verdächtigen Beweisstück, und dass ich den Pass an der Rezeption des Hotels in Chişinău abgegeben hatte, machte die Situation nicht einfacher.

Nach einer halben Stunde erschien ein älterer, großgewachsener Mann, der einzige, der keine Uniform, sondern legere Freizeitkleidung trug, es handelte sich offensichtlich um einen Vorgesetzten, der an seinem freien Tag herbeigerufen wurde. Er sprach Deutsch, fragte uns, was uns in die Moldau und ausgerechnet nach Leova geführt habe, das nicht häufig von Touristen aufgesucht werde, schaute sich die Bilder in Kurts Kamera an, hörte aufmerksam zu, als wir ihm von Lesung und Ausstellung in Chişinău erzählten, begann einen Anflug milder Entspannung im konzentrierten Gesicht zu zeigen und reichte uns dann zu unserer Verblüffung unvermittelt die Hand. Er meinte, wir sollten uns auf der Weiterfahrt von der Grenze fernhalten, und wünschte uns eine gute Heimreise. Jetzt entspannten sich auch die Marsmenschen vom Grenzschutz, und als wir in unseren Wagen stiegen und winkten, winkten sie tatsächlich lässig zurück. Wir hatten Leova noch nicht verlassen, da sagte Kurt, dass ich, sobald wir wieder in Österreich wären, einen Zeitungsartikel mit dem Titel schreiben müsse: »Als zwei Österreicher illegal in die Europäische Union einwandern wollten.«

Das lag bereits drei Monate zurück, aber als wir jetzt Leova passierten, verspürte ich mit einem Mal die mir so verhassten Anzeichen von Panik, die mich damals keineswegs gepackt hatte, und darum bat ich meine Reisegefährten, entgegen unseren Plänen an dem Ort vorbei und zügig in Richtung der Hauptstadt weiterzufahren.

7

Der Ausflug nach Soroca fing gut an. Die M2 erwies sich als die beste Straße, auf der wir in der Moldau unterwegs gewesen waren, sodass wir die Hälfte der 130 Kilometer, die uns in den Nordosten, zu der legendären Stadt am Dnister führen sollte, schon nach einer Stunde hinter uns hatten. Dann fuhr Horea bei einer Tankstelle ab, um den Wagen im Schritttempo vor den Shop zu lenken, wo vor uns ein großer Kastenwagen stand, der über und über beklebt war mit bunten Bildern von Städten, Pässen, Wappen. Der Wagen hatte schon viele Zehntausend Kilometer hinter sich, und seine Besitzer schienen stolz darauf zu sein, denn sie schleckten ihr Eis, das sie im Shop gekauft hatten, wie es auch Horea vorgehabt hatte, indem sie die Dellen an der Karosserie ihres Gefährts wohlwollend begutachteten. Der eine von ihnen war ein auffallend zierlicher Mann mit pumucklartig wegstehenden Haaren, der andere wirkte, als verbrächte er die meiste Zeit in einem Center für Kampfsportler, kahlköpfig, rotgesichtig wie er war und den muskulösen

Oberkörper in einem ärmellosen weißen Leibchen stecken hatte. Gemächlich fuhr Horea auf das Auto zu und starrte dabei so gebannt wie ich auf das sonderbare Paar, bis wir zwar langsam, aber ungebremst auf den Kasten auffuhren, was zuerst einen dumpfen Rumpler und dann ein schepperndes Geräusch erzeugte, weil ein Stück der offenbar nur behelfsmäßig ineinandergesteckten hinteren Stoßstange auf den Boden fiel.

Unser Schreck war groß, die beiden Männer machten ein paar Schritte, um zu sehen, was das Scheppern verursacht hatte, und drehten sich dann wie in Zeitlupe um und blickten auf uns, die wir überlegten, ob es angeraten sei, die Türen zu verriegeln: Langsam hob der tätowierte Muskelprotz die rechte Hand, nicht aber um sie zur Faust zu ballen, sondern um den Daumen zu strecken, was auch hier, unweit einer namenlosen Stadt namens Țînțăreni, so viel bedeutete wie: Gut gemacht! Bravo!

Die beiden waren Tschechen, die sich auf dem Weg von Olomouc in die Mongolei befanden und, wiewohl seit Wochen unterwegs, trotzdem noch nicht dazu gekommen waren zu überlegen, bis wann sie ihr Ziel erreichen wollten. Gemütlicher und gemütvoller als die beiden, das Schwergewicht und das Fliegengewicht, konnte man es nicht halten mit dem Reisen, den kleinen Missgeschicken, den schönen Zwischenfällen des Lebens. Sie zählten auf, wo sie schon überall hingekommen waren, vom Inneren Afrikas bis zum Nordkap, ein kurios ungleiches, aber innig gleichgestimmtes Paar, dem das Unterwegssein in dieser Klapperkiste das wahre Lebensglück bedeutete. Als wir Abschied nahmen, fehlte nicht viel und sie hätten uns umarmt und sich dafür bedankt, dass wir ihnen mit unserer Unachtsamkeit die Gelegenheit geboten hatten, auch in Țînțăreni, wo an diesem Tag das Herz der Welt schlug, Freunde zu gewinnen.

Die meisten Moldauer, die ich nach den Schönheiten ihres

Landes fragte, hatten gemeint, wir müssten unbedingt Soroca besichtigen. Dort stand die berühmteste Festung des Landes, die unter Ştefan cel Mares Sohn errichtet wurde, ein perfekt symmetrischer, wuchtiger und trotzdem eleganter Bau, kreisförmig angelegt mit vier voneinander gleich weit entfernten Rundtürmen und einem quaderförmigen, zum Fluss hin orientierten Tor. Die Feste schaute über den breiten Dnister, der hier, von Bäumen gesäumt, seine sanften grünen Schlingen zog, hinüber auf die Ebene der Ukraine. Und, ja, wenn man schon in Soroca war, sollte man nicht versäumen, ein wenig in der Oberstadt herumzustreifen: Dort wohnten die meisten der zweitausend Roma des Ortes, darunter all jene, die es zu etwas gebracht hatten, und das waren viele, die zum Zeichen ihres Erfolgs vor zwanzig, dreißig und mehr Jahren begonnen hatten, ihre Familienpaläste zu errichten. In Soroca finden sich wohl hundert solcher »Zigeunerpaläste«, von denen freilich bis heute kaum einer fertiggestellt und auch tatsächlich bewohnt wurde. Fernsehteams aus Frankreich und Holland, Fotografen aus den USA und Deutschland, alle möglichen Leute waren nach Soroca gekommen, um den Ort zu sehen, wo die Roma nicht in armseligen Hütten lebten, sondern in Palästen; nein, nicht in den Palästen selbst, sondern in den Garagen, Geräteschuppen, Zubauten, die sie hinter, vor und neben ihren Palästen erbaut hatten.

Rund 40 000 Roma leben in der Republica Moldova, und nirgendwo sonst im Osten leiden sie so wenig Missachtung wie hier. Schon in der frühen Neuzeit gelang es Einzelnen von ihnen, dem Status von Sklaven, die sich der Staat, die Klöster und die grundbesitzenden Bojaren hielten, zu entrinnen. Ştefan Răzvan, der als Sklave des orthodoxen Metropoliten geboren und von diesem wegen seiner Wissbegier geschätzt, gefördert und testamentarisch in die Freiheit entlassen wurde, hat es 1595 gar zum Fürsten der Moldau gebracht. 450 Jahre später wurden die Roma auch im Land zwischen Pruth und Dnister drangsaliert, in ihren Dörfern erschlagen, in die transnistrischen Lager getrieben, und wie bei den Juden ist auch bei den Roma Bessarabiens die genaue Opferzahl unbekannt.

Doch in der sowjetischen Republik Moldawien gelang den überlebenden Roma ein Aufstieg, wie er in keinem anderen Staat der Welt denkbar war. In der strikten Planwirtschaft herrschte nämlich steter Mangel an vielen Dingen, und die bessarabischen Roma, seit langem im Handel geübt, übernahmen es, ihm da und dort abzuhelfen. Auch in der Ära der reglementierten Ökonomie schafften sie es, über die Grenzen der Republik hinaus jenen Handel zu treiben, den der Obrigkeitsstaat nicht als Schwarzhandel bestrafte, sondern duldete, mitunter sogar förderte. In der kurzen Ära Gorbatschows wurden die Roma Moldawiens geradezu der Motor der wirtschaftlichen Entwicklung, und ein gewitzter und gebildeter Mann aus Soroca, Mircea Cerari, stieg zum ersten Millionär der ganzen Sowjetunion auf; in einem in der UdSSR weitum gezeigten Fernsehfilm wurde er als unternehmerischer Mann porträtiert, dessen Findigkeit und Fleiß sich die Sowjetbürger künftig gefälligst zum Vorbild nehmen sollten. Die Roma handelten mit allem, mit Autos und Bluejeans, mit Kaviar und Gerümpel, mit Waschmaschinen und Plastikpuppen, mit technischem Gerät, das von dem einen Kombinat aussortiert, von ihnen repariert und an ein anderes Kombinat verkauft wurde. Sie waren überall, wo die Planwirtschaft ihr Soll nicht erfüllte und große Lücken in der Versorgung klafften. Damals haben die Roma in Soroca, aber auch in Orten wie Edineț und Otaci die Grundsteine für ihre ersten Paläste gelegt.

Als wir am Nachmittag die Stadteinfahrt von Soroca erreichten, über eine Straße, die von den Hügeln im Westen in die Stadt hereinführte, glaubten wir in einen architektonischen Drogenrausch geraten zu sein. Auf schadhaften Pisten und holprigen Wegen standen da zwei- und dreistöckige Häuser aneinandergereiht, von denen wir die meisten schon von irgendwo zu kennen glaubten, allerdings waren sie hier in anderen, zumeist kräftigen Farben gehalten und in halbfertigem Zustand geblieben. Es gab griechische Paläste mit einer Unzahl von tragenden Pfeilern und der Verzierung dienenden Säulen, die Kapitelle mit Blumen oder Figuren verziert; eine überdimensioniert geratene Pagode, kunstvoll und teuer geformt aus lauter roten und ockeren Ziegeln; eine schneeweiße Villa, die an Landhäuser in Andalusien gemahnte, Renaissancepaläste mit klarer Formensprache, aber übertriebenen Verzierungen und schnäbelnden Gänsen aus Blech auf dem Dach, ein Schloss, das an Neuschwanstein erinnerte und wie die bizarre bessarabische Überbietung des bizarren bayerischen Vorbilds wirkte, und mitten im Häusermeer blinkte die goldene Kuppel eines Palastes, der einer Abbildung des Capitols nachgebaut war. In den Gärten standen zwischen Betonmischmaschinen Löwen aus Stein und römische Vestalinnen mit unverhüllten Brüsten.

Staunend gingen wir durch diesen Traum, den zu verwirklichen die reichen Romafamilien fast in den Ruin getrieben hatte. Es ging ihnen nicht um den luxuriösen Wohnraum, denn sie lebten nach wie vor lieber gedrängt in den Hütten im Schatten ihrer Paläste. Nein, wie beim Kräftemessen unter den patrizischen Geschlechtern der Toskana, die sich in San Gimignano mit immer höheren Türmen symbolisch über die anderen zu erheben versuchten, gerade so trumpfte hier der teure Protz der Clans auf, von denen sich die einen die repräsentativen Bauten der amerikanischen Neorenaissance, die anderen gleich die Tempel der griechischen Antike zum Vorbild genommen hatten, denn tatsächlich ließen sich die Bauherren von den Abbildungen berühmter Bauwerke sämtlicher Epochen und Kontinente inspirieren. Diese aberwitzige Ansammlung missratener Kopien kann nur der als amüsant empfinden, der die Roma nicht ernst nimmt, sondern sie für die letzten Kinder Europas hält, die ihre unschuldige Freude am Kitsch haben, darum versuchte ich mir solch paternalistisches Wohlwollen zu verbieten, natürlich vergebens, denn in seiner Verfehlung und seinem Stein gewordenen Stolz auf Erfolg, Anerkennung, Reichtum war diese Siedlung der Romapaläste doch überwältigend und auch überwältigend komisch.

Im Westen, in dem in den vergangenen Jahren der Hass auf die Bettelroma hochgeschossen ist, werden gerne Schauermärchen von transsilvanischen Romafürsten erzählt, die in ihren Palästen in Saus und Braus leben und das Heer ihrer Sklaven ausschicken, die das nötige Geld für diesen Luxus in den Fußgängerzonen der europäischen Städte als Bettler erwirtschaften müssen. Die Paläste von Soroca haben damit jedenfalls nicht das Geringste zu tun, die bessarabischen Roma waren immer nach Russland, in die Weiten des sowjetischen Reiches orientiert, und noch heute sind sie bis Kasachstan und Usbekistan unterwegs, um Dinge aus dem Westen in den fernen Osten und andere Dinge von dort in die Moldau zu bringen. Sie sprechen in der Mehrheit zwar einen besonderen Dialekt des Romanes, aber im geschäftlichen Alltag eher Russisch, und der Sohn von Mircea Cerari bezeichnet sich denn heute noch als »Fürst aller Roma der einstigen Sowjetunion«.

Der Anspruch wird ihm auch in Soroca selbst bestritten. Bei einer Bushaltestelle trafen wir einen ganz in Weiß gekleideten Rom – blütenweißes Hemd, weiße Hose mit weißem Gürtel, hellbraune Sandalen mit weißen Socken darunter –, der uns verächtlich fragte, was wir im Viertel der Paläste gesucht hatten. Den Romafürsten und seine Freunde, gab ich zur Antwort. Tatsächlich wollte ich bei Artur Cerari, dem Sohn des ersten sowjetischen Millionärs, nur ungern vorstellig werden, hegte ich doch ein Ressentiment gegen ihn, seitdem ich ihn, einen gravitätischen Herrn, fast so breit wie hoch, in einem Fernsehfilm salbungsvoll für ein westliches Publikum Plattitüden predigen gehört hatte. So war ich fast erleichtert, dass wir ihn in seiner Residenz nicht antrafen, weil er sich, wie uns beschieden wurde, auf Reise befand. Als ich seinen Namen aussprach, spuckte der Rom an der Haltestelle aus und wandte sich verärgert ab, kein Wort wollte er mehr mit uns wechseln.

Die Roma der Moldau waren nie eine einheitliche Volksgruppe, und die wohlhabenden Leute von Soroca gehörten zur Gruppe der Ciocănari, städtischen Roma, die seit Generationen vom Handel lebten. Im Süden des Landes, in der Gegend um die Stadt Vulcănești, waren wir aber durch Dörfer gekommen, in denen die Ursari wohnten, die zu sowjetischen Zeiten in Kolchosen gearbeitet hatten und nach dem Zusammenbruch des Sowjetsystems in bittere Armut gerieten. Auch sie, von denen viele ihr Land verlassen haben, sind nicht westwärts, sondern gegen Osten gezogen, in die Ukraine, nach Russland oder noch weiter. Selbst der Wohlstand der Ciocănari von Soroca ist nicht mehr gesichert, denn im Handel, mit dem sie reich und in Moldawien beliebt wurden, weil sie es waren, die Güter, an denen Mangel bestand oder die man noch gar nicht kannte, ins Land brachten, ist ihnen inzwischen eine übermächtige Konkurrenz entstanden: das Heer der Händler aus China und Vietnam, das sich auf den Tausende Kilometer langen Weg gemacht und überall, selbst in den einstigen Metropolen der italienischen Textilindustrie, ihre Stützpunkte errichtet hat.

8

Wir standen auf einem Hügel im Nordosten des Landes, von dem man in der Ukraine jenseits des träge dahinfließenden Dnister einzelne Häuser mit roten Dächern inmitten der Sommerlandschaft sehen konnte. Vor ein paar Tagen waren wir im diagonal gegenüberliegenden Südwesten unterwegs gewesen und hatten uns geärgert, dass der andere Grenzfluss des Landes, der Pruth, nicht zu sehen war und es entlang seines Verlaufs kaum Stellen gab, von denen man hinüber nach Rumänien blicken konnte. Einmal aber, bei einer Stadt namens Coteşti, die schon ziemlich weit im Norden lag, hatten wir die Republik sogar verlassen und waren über eine Brücke nach Rumänien gefahren, nur um einen Blick auf den riesigen Stausee zu gewinnen, den der aus der Bukowina kommende Pruth hier speiste und an den er so viel Wasser abgab, dass vom mächtigen Fluss nur mehr ein Bächlein überblieb, das südwärts der Donau entgegenlief.

Wir hatten den Ausflug nach Rumänien bitter bedauert, denn die moldawischen Grenzer schikanierten ihre Landsleute, die mit vollgeräumten Autos in die Heimat zurückkehrten, sodass auch wir, im 24. Wagen der Warteschlange, fast drei Stunden warten mussten, bis wir von dem Abstecher, der zehn Minuten gedauert hatte, wieder in die Moldau einreisen konnten. Immerhin, die Grenzer waren ignorant, aber nicht arrogant, und als Horea, sonst ein selbstbeherrschter Mann, mit einem von ihnen zu schreien begann und auf die Leute deutete, die in den Autos bei brütender Sommerhitze ausharren mussten, hatten sie nur gleichmütig die Achseln gezuckt, den Ausbruch von Wut aber völlig ungerührt und ohne Sanktionen einer gekränkten Obrigkeit über sich ergehen lassen.

Der Grenzübertritt auf der anderen Seite des Landes, über den Dnister hinüber nach Transnistrien, war dagegen eine

Lappalie von wenigen Minuten gewesen. Wir hatten uns einmal frühmorgens ins Auto gesetzt und waren die eine Stunde von Chişinău nach Tiraspol gefahren. Der moldauische Staat und seine abtrünnige Provinz, die von Russland am Leben erhalten, jedoch von keinem einzigen Staat der Welt, nicht einmal von Russland selber anerkannt wurde, waren miteinander verfeindet; aber sie hatten sich auf einen alltäglichen Grenzverkehr ohne Schikanen eingerichtet. In Transnistrien gerieten wir in ein wohlgeordnetes und hochmilitarisiertes Land mit breiten, bestens gewarteten Straßen, an denen sich Denkmal an Denkmal für die Helden des letzten Krieges und Panzer, Hubschrauber, Kampfflieger wie Exponate einer patriotischen Dauerausstellung aneinanderreihten.

1992 hatten sich hier lokale Verbände, die aus Arbeiterbrigaden und den Garden der »Schwarzmeerkosaken« gebildet wurden, mit den Streitkräften der jungen Republica Moldova heftige Gefechte geliefert; ein Monat wurde in Bender, Dubăsari, Tiraspol von Haus zu Haus gekämpft, über tausend Menschen starben dabei, bis die Soldaten der in Transnistrien stationierten 14. sowjetischen Armee – die Truppe eines Staates, der gar nicht mehr existierte – eingriffen und dem Spuk ein Ende bereiteten, indem sie das moldauische Heer hinter den Dnister zurückwarfen. Seither hatte die Regierung in Chişinău hier nichts mehr zu vermelden. Jetzt lag das winzige Land, das sich selbst als Teil Russlands verstand, eingeklemmt zwischen der Republik Moldau, das seine Ansprüche auf das transnistrische Territorium nie aufgegeben hatte, und der Ukraine, die sich im unerklärten Krieg mit Russland befand. Die aus Transnistrien angereisten Deutschlehrerinnen, denen ich im Frühjahr auf dem Kongress begegnet war, hatten sich mir als Russinnen vorgestellt und zugleich gesagt, dass sie nichts so sehr fürchteten, als dass es eines Tages Krieg um ihr Land geben könnte. Die Moldau, die Ukraine, Russland, alle drei wären es nicht wert, dass auch nur ein einziger Schuss abgegeben würde.

An einem der letzten Tage, die wir in Chişinău verbrachten, wurde ich noch einmal daran erinnert, dass ich mich in einem Land befand, in dem sich nicht nur früher die Heere fremder Mächte bekämpft hatten, sondern erst vor weniger als 25 Jahren ein Krieg der Moldauer um ihren eigenen Staat geführt wurde. Wir waren zum Zentralfriedhof gegangen, der nicht weit von der südlichen Altstadt mit ihrem fast quadratischen Geviert alter Straßen lag. Hier ruhten Abertausende, die es in kommunistischen Zeiten zu etwas gebracht hatten, Wissenschaftler, Parteikader, Generäle. Neuerdings wurden hier aber auch jene begraben, denen nicht die sowjetischen, sondern die neuen Machthaber Rang und Ehre erwiesen, Roma-Musiker und Professoren der Musikakademie, Unternehmer, Schauspielerinnen, Universitätsprofessoren, Künstler wie jener Grigore Vieru, nach dem der Stadtpark von Cahul benannt war und der die Friedhofsgeher gleich beim Eingang mit seinem geradezu lässigen Grabmal empfing.

Am äußersten Eck des vielbesuchten Friedhofs lag hinter einer dichten Reihe hoher Hecken eine stille Wiese von der Größe dreier Fußballfelder, der Complexul Memorial Eternitate. Im Halbrund waren dort sechs monumentale, gewiss zehn, zwölf Meter hohe Reliefs aus rotem Sandstein aufgestellt, auf denen Szenen des Krieges, der auf moldawischem Boden zwischen 1941 und 1944 tobte, in expressiver Symbolik abgebildet waren. Ein kleineres Denkmal war in die Mitte der Wiese gesetzt, es erinnerte an die jungen Soldaten, die in dem vier Wochen währenden Kampf um Transnistrien gefallen waren. Es war an einem Augusttag des Jahres 2015, in dem ganz Europa über die enorme Hitze klagte, und der Hain der ewigen Erinnerung, auf dem so vieler Toter gedacht wurde, flimmerte im Mittagslicht.

Am anderen Ende ragte das pompöse Ehrenmal auf, fünf Sturmgewehre aus rotgefärbtem Beton, die sich in einer Höhe von 25 Metern trafen, wie die Stützpfeiler eines Zeltes. Unten flackerte, in der Helligkeit kaum zu erkennen, in einer erzenen Schüssel ein ewiges Feuer, und in der prallen Hitze hielten reglos zwei junge Gardesoldaten Ehrenwache. Obwohl zu dieser Stunde außer uns und ihnen, die fast noch Kinder waren und die Gesichter unter dem Stahlhelm direkt der Sonne zugewandt hatten, kein Mensch auf dem Gelände zu sehen war, standen sie so stramm, dass wir fürchteten, jeden Augenblick müsse einer von ihnen zusammenbrechen. Da öffnete sich die Tür des kleinen Hauses am Ende des Complexul Memorial Eternitate, und ein Offizier ging gemessenen Schrittes die fünfzig Meter, bis er die Soldaten erreichte. Der erste presste die zuvor leicht geöffneten Lippen zusammen, und der Offizier nahm ihm sachte den Stahlhelm ab und wischte ihm geradezu liebevoll mit einem mit kaltem Wasser getränkten Lappen über die kurzgeschorenen Haare und den Nacken, dann setzte er ihm den Helm wieder auf und wandte sich seinem Leidensgenossen zu, dem er dieselbe Behandlung zuteilwerden ließ. Danach schritt er langsam zurück zu seiner Dienststelle, öffnete die Tür und verschwand.

Wir blieben erschöpft auf unserer Bank gegenüber dem ewigen Feuer sitzen und konnten so beobachteten, dass der Offizier exakt alle zwölf Minuten sein Haus verließ und den Gardesoldaten Kühlung brachte. Als ich die ganze Anlage überblickte, wurde mir bewusst, dass hier die widersprüchliche Geschichte der Moldau nicht vertuscht wurde, sondern offen zutage lag: hier das Ehrenmal der Roten Armee, vor dem jahraus, jahrein moldauische Soldaten Wache hielten; dort das Mahnmal, das an die moldauischen Soldaten erinnerte, die im Kampf gegen die sowjetische Armee und die transnistrischen Separatisten ums Leben kamen. Und drüben die monumentalen Reliefs, die davon kündeten, dass Bessarabien im Zweiten Weltkrieg ein einziges Schlachthaus war.

9

Die Gegend zwischen dem Zentralfriedhof und dem Boulevard Stefans des Großen war mir mit ihren von Kastanien- und Akazienbäumen gesäumten Straßen die liebste von Chişinău, und flanierend konnte man hier eines der großen Probleme des jungen Staates studieren. Horea hatte es einmal auf die Pointe gebracht, dass in diesem Land zu viel Geld und zugleich viel zu wenig davon vorhanden sei. Die Besitzer der alten, meist nur einstöckigen Häuser mit ihrer unverwechselbaren Architektur hatten zu wenig Geld, um sie zu restaurieren, sodass der Stuck von den Fassaden bröckelte und sie nach und nach verfielen, und die Stadtgemeinde hatte zu wenig Geld, um das alte Viertel zu schützen, zu bewahren oder gar planmäßig instand zu setzen.

Aber es gab mittlerweile auch eine Schicht reicher Moldauer, die die hundert und mehr Jahre alten Häuser aufkauften und sie, ohne die Auflagen des Denkmalschutzes im Geringsten zu achten, herrichteten, wie es ihnen gerade gefiel. Die Rahmen der schönen Glasfenster ließen sie aus der Fassade herausschlagen und neue Fensterfronten aus Kunststoff einsetzen; die mit feinem Zinkblech verzierten Dächer rissen sie ab und stapelten willkürlich neue Stockwerke mit aberwitzigen Wintergärten oder Loggias darüber, sodass Ungetüme von Gebäuden entstanden, die weder den Ansprüchen der modernen Architektur gerecht wurden noch Achtung vor den Formen der alten, stimmungsvollen Häuser zeigten. So gingen der Stadt ihre schönsten Häuserzeilen verloren, der Charme einer Metropole mit ländlichen Villen bis mitten ins Zentrum wurde im Ansturm einer Bauwut zertrümmert, die sich unreglementiert austoben konnte, und eine protzende Schicht nahm Straße für Straße in ihren Besitz, um niederzureißen, was in seiner urbanen Substanz einzigartig, aber baufällig war. In keiner europäischen Hauptstadt waren die Straßen in schlechterem Zustand als in Chişinău, aber nirgendwo habe ich eine solche Anhäufung von Autos der Luxusklasse gesehen, von Vans und Geländewagen, Limousinen mit abgedunkelten Fensterscheiben und Sportwagen, die vor historischen Gebäuden parkten, die gerade demoliert worden waren.

Wir hatten den halben Sommer in Chişinău verbracht, aber erst am letzten Tag schafften wir es, das Nationalmuseum für bildende Kunst zu besuchen. Das Gebäude hatte der Schweizer Architekt Alexander Bernardazzi, der das alte Chişinău mit Kirchen, öffentlichen Gebäuden, privaten Villen, Parks geprägt hatte, um 1900 als Gymnasium entworfen. Später wurde ein Museum daraus, und weil dieses seit einigen Jahren renoviert wurde, waren nur drei Säle geöffnet, in denen wir von drei älteren Damen erwartet wurden, die uns, hilfsbereit und völlig ahnungslos, worüber sie wachten, von einem Bild zum nächsten begleiteten. Im dritten Saal schien zusammengestellt, was thematisch nicht zu den Werken der beiden ersten Säle passte, und dort stieß ich auf ein Gemälde, an dem ich anfangs achtlos vorübergegangen und zu dem ich dann irritiert zurückgekehrt war.

Es stammte von einem englischen Maler des 19. Jahrhunderts namens John Oswald, und sein Titel lautete »Unknown landscape«, auch die Museumswärterinnen, die mit mir das Bild betrachteten, als würden sie es zum ersten Mal sehen, wussten nicht, was es mit dem Maler und seinem Werk auf sich hatte. Erst als ich das Gemälde gewissermaßen in seine Teile zerlegt und diese vor meinem inneren Auge neu zusammengesetzt hatte, erkannte ich, dass die unbekannte Landschaft meine Heimatstadt zeigte. Der Maler hatte, vielleicht weil seine Skizzen ungenau waren oder das Gedächtnis ihn trog, die Salzburger Stadtberge mit ihren Klöstern, die Kulisse der Stadt mit ihren Türmen kurios ineinandergeschoben, sodass ich vor einer fremden Ansicht stand, die doch unverkennbar die von Salzburg war. Da wusste ich, dass es Zeit war, heimzukehren in die Stadt, die ich hier in Chişinău auf dem Bild eines englischen Malers sah, der die Dinge vielleicht nicht stärker verändert hatte, als ich es selber mit dem Bild tat, das ich mir von diesem, dem ärmsten Land Europas machte, von dem keiner verstand, warum es mir so lieb geworden war.

Die toten Mädchen
von Futog

I

Am 23. Juli 2009 stand ich um 18 Uhr in der katholischen Kirche von Futog und sah, wie meine Mutter in der Reihe der Kommunionskinder in die Kirche einzog. Sie trug, wie alle Mädchen, ein weißes Kleid mit spitzenbesetztem Oberteil, und ihr schwarzes Haar war in einen dichten Pferdeschwanz gefasst. Durch das große Glasfenster zur rechten Seite des Altars fiel die Sonne des späten Nachmittags auf den Mittelgang, durch den die Mädchen in einer frommen Linie und neben ihnen hintereinander all die toten Knaben zum Altar trippelten, bemüht, nicht aus dem Gleichschritt zu geraten. Meine Mutter war zierlich, wie sie es bis zum Ende ihrer Tage blieb, in der Rechten hielt sie die Kommunionskerze, und in ihrem Antlitz war ein andächtiger Ernst, in den, als sie mich im Schatten des Kirchenschiffes erblickte, ein schelmisches Lächeln huschte: Siehst du, jetzt bist du doch hierhergekommen!

Es war bereits der dritte Tag hintereinander, von dem die Einheimischen sagten, es wäre der heißeste des ganzen Jahres. Vorgestern waren wir vorbei an Millionen verdorrter Sonnenblumen durch die Ebene gefahren, die die Serben Srem, die Ungarn Szerémség nennen und die Donauschwaben, die im kalten Herbst 1944 von hier vertrieben wurden, Sirmien genannt hatten. Die Fahrt ging durch langgezogene Dörfer, in denen gereizt manchmal ein paar Hunde aus ihrem Sommerschlaf aufschreckten, unserem Wagen eine Zeitlang hinterherliefen und dann in ratloser Wut umkehrten, und vorbei an den im Wald verborgenen Klöstern, in denen das Serbentum einst den langen Schlaf der Geschichtslosigkeit überdauert hat. Alle paar Kilometer wurden am Straßenrand riesige Wassermelonen angeboten, drei, vier von ihnen waren in der Mitte durchgeschnitten und lagen aufgeklappt auf den einfachen Verkaufsflächen, die anderen waren zu enormen dunkelgrünen Pyramiden gestapelt.

Der Bauer hatte im Schatten unter seinem Traktor gerastet, als wir hielten. Er stand auf und schob sogleich sein ärmelloses Unterhemd über den Bauch hinauf, als sei die gewaltige, bei jeder Bewegung sacht schaukelnde Wampe sein größter Stolz. Halb beißend, halb schlürfend verzehrten wir zu seinem schweigenden Wohlgefallen unsere Melonenstücke, und erst als wir fertig waren, fragte er, woher wir kamen und wohin wir wollten. Als ich ihm sagte, dass wir von Belgrad nach Novi Sad unterwegs waren, um uns diese Stadt und das Land ringsum anzuschauen, in dem meine Eltern, Großeltern und deren Großeltern geboren wurden und aufgewachsen waren, lobte er unser Vorhaben, vor allem, dass wir uns nicht scheuten, es ausgerechnet am heißesten Tag des Jahres in Angriff zu nehmen.

Meine Mutter hatte es in ihren letzten Lebensjahren gekränkt, dass ich, der ich so viele Reisen unternahm und über Volksgruppen in Kalabrien, Litauen oder Mazedonien schrieb, deren Namen kaum jemand kannte, ausgerechnet das Land meiner Vorfahren, die Batschka, nie aufgesucht hatte. Eine rätselhafte Scheu hielt mich davon ab, der ich doch von der Geschichte dieser Region schon als Kind erzählt bekommen und die Namen der Dörfer und kleinen Städte, Kikinda und Palanka, Werschetz und Hodschag, Kubin und Filipowa, wie in einem Zauberspruch hersagen konnte. Vielleicht war diese ferne Welt, die meine Eltern mit sich nach Österreich genommen hatten, in meiner Kindheit zu gegenwärtig gewesen, als dass ich mich der Enttäuschung aussetzen wollte, die es gewiss bedeutet haben würde, wenn ich in Augenschein genommen hätte, wovon mir so viele Legenden erzählt worden waren. Was ich von früh an als Bild in mir trug, wollte ich nicht ganz anders in der Wirklichkeit vorfinden. Jetzt aber, vier Jahr nach ihrem Tod, stand ich in der Kirche von Futog, und alles war genau so, wie es mir meine Mutter erzählt und ich es mir fünfzig Jahre lang ausgemalt hatte.

2

Gestern war es noch heißer gewesen als vorgestern, und als wir die ersten Wege durch Novi Sad gingen, die Stadt, die ihre ungarischen Einwohner Újvidék nennen und die bei den Donauschwaben Neusatz hieß, waren die Straßen und Plätze im alten Viertel nahezu menschenverlassen. Als wir auf den Trg Slobode, den Freiheitsplatz, im Herzen der Altstadt traten, schien das Monument in seiner Mitte zu flirren. Wer jetzt unterwegs war, drückte sich die Häuser entlang, um etwas vom Schatten zu bekommen, sodass Svetozar Miletić in seinem unversiegbaren Zorn ganz allein über den Platz vor dem Rathaus gebot. Ein solches Denkmal hat selten eine Stadt einem der ihren hingestellt. Schon der Sockel, auf dem es ruht, ist über zwei Meter hoch, und auf dieses ist überlebensgroß eine Figur aus grüner, nachschwärzender Bronze gesetzt, ein Mann mit mächtigem Bart, wehendem Haar, die eine Hand in Kopfhöhe zur Faust geballt, ein Volkstribun, der gerade bei der feurigsten Passage seiner Rede angekommen ist und aus seinem Metall gewordenen Grimm zu bestehen scheint. Svetozar Miletić, ein serbischer Publizist und Politiker des 19. Jahrhunderts, hatte sich ausgerechnet in der seit ewigen Zeiten von vielen Völkern bewohnten Wojwodina erhofft, dass die nationale Erhebung einer einzigen ihrer Volksgruppen, der Serben, Freiheit und Demokratie für alle bringen werde. Auf seinem Denkmal ist er geradezu karikaturistisch gefasst, Auftritt eines eifernden Wüterichs, dessen Zorn keinen anderen Anlass braucht als sich selbst.

Den Platz, zu dem auch die beiden Straßen gehören, in die er im Norden und Süden übergeht, war ich als Kind schon ausgeschritten, als ich Salzburg noch kein einziges Mal verlassen hatte, so eindringlich wurde mir von ihm erzählt: die helle serbisch-orthodoxe Georgs-Kathedrale an seinem einen Ende, der barocke Bischofspalast, die schlanke, hohe und langgestreckte katholische Marienkirche, die erst um 1900 errichtet wurde, und ihr gegenüber das wohlproportionierte neogotische Rathaus am anderen Ende des Platzes, der gesäumt ist von den hübsch renovierten Häusern einer alten Stadt mit stolzer, bürgerlicher Tradition. In ihr hatte meine Mutter das Realgymnasium besucht – und für sie ist Novi Sad das Erlebnis der Stadt geblieben, die erste Begegnung mit einer urbanen Weltläufigkeit, in der sich ihr das Wesen aller Städte vorgeformt hatte. Ich sah, dass vom Hauptplatz in südwestlicher Richtung die Futoška wegführt, die Straße, die an der Synagoge und dem Jüdischen Friedhof vorbei hinaus nach Futog zieht, einst ein Dorf etwa dreißig Kilometer außerhalb von Neusatz, die Vorstadt Futak von Novi Sad heute. Meine Mutter stammte aus Futog, und dass sie in Novi Sad nicht das deutsche, sondern das serbische Gymnasium, das Državna ženska realna gimnazija, besuchen durfte, hatte sie ihrem Vater erst abtrotzen müssen. Endlich gab er, der es sich gar nicht anders vorzustellen vermochte, als dass die Donauschwaben auf ewig im Land zwischen Donau und Theiß bleiben würden, ihrem störrischen Betteln doch nach, weil sie ihn davon überzeugt hatte, dass es für einen schwäbischen Kaufmann ratsam sein könnte, wenn seine Tochter die höhere Schule der Staatsnation besuchte, die seit 1918 eben die Serben bildeten.

Am Abend hatten wir gestern László Végel getroffen, den ungarischen Schriftsteller, der vor bald vierzig Jahren die ungarische Literatur erneuerte, mit seiner kühnen, experimentellen Sprache, wie er sie gerade am Rande des ungarischen Sprachgebiets erschaffen konnte, als Angehöriger eines anderen Staates, umgeben von den vielen Sprachen und Dialekten, die dort gesprochen wurden. László ist ein gemütlicher alter Herr, mit weißem Haar und einem weißen Schnauzer, der aufs Erste behäbig wirkt, aber trotz seiner gedrungenen Gestalt und seiner siebzig Jahre in Wahrheit etwas kindlich Zappelndes, Ungeduldiges hat. In seinem mit kuriosen Wendungen bezaubernden Deutsch erzählte er von sehr ungemütlichen Dingen, etwa davon, dass Slobodan Milošević dem Kosovo und der Wojwodina jene Rechte einer autonomen Region aberkannte, die diesen zu den national befriedeten Zeiten Titos garantiert gewesen waren. In seinem auch ins Deutsche übersetzten Buch »Exterritorium« berichtet er davon, wie vor zwanzig, dreißig Jahren langsam der Nationalismus seine Stadt und ihr Umland eroberte, gute Nachbarn sich misstrauisch zu beobachten und zu vergleichen begannen, wer es besser getroffen habe mit seinem Grundstück, den Behörden, den Kindern, dem Leben; und schließlich: mit seiner Nation. Lászlós neunzigjähriger Mutter, die aus ihrem Dorf kaum je herausgekommen war und es nur manchmal gerade bis in die Stadt, bis nach Újvidék, geschafft hatte, empfahlen eines Tages die Leute, mit denen sie Jahrzehnte Haus an Haus und Garten an Garten gelebt hatte, sie möge doch in ihre Heimat zurückkehren, solange ihr das noch gestattet werde. Da sich viele ethnisch zu identifizieren und ihre Ethnie auf einen halluzinierten Nationalstaat zu beziehen begannen, hielten sie Ungarn auf einmal für die wahre Heimat von Lászlós Mutter, ein Land, in dem sie niemals gelebt, ja, das sie ihr Lebtag nicht gesehen hatte.

Mit László gingen wir aus der Altstadt hinaus und an die Donau hinunter, in ein Restaurant am Fluss, und abends um neun war es noch so schwül, dass sich die Gelsen erschöpft in die Krüge Wein zu stürzen schienen, um raschen Tod im Alkohol zu finden. László bestellte Fischpaprikasch für alle, wie ich es von den sporadischen donauschwäbischen Festen meiner Kindheit kannte, bei dessen Verzehr es die Ärmel hochzukrempeln gilt, weil man mit den Händen in die paprikascharfe Brühe taucht, um sich die Fischstücke zu angeln, von denen man sich Sekunden später die vielen Gräten aus dem Mund zieht. Er erzählte, dass er hier mit Danilo Kiš und Aleksandar Tišma gesessen war, den zwei großen Schriftstellern, deren jüdische Familien nahezu vollständig ausgelöscht wurden, als die Nationalsozialisten den Balkan eroberten, die Wojwodina dem ungarischen Staat zugeschlagen wurde und auch in Novi Sad die Pfeilkreuzler wüteten. Nur wenige Juden überlebten die Massaker in der Region selbst oder die Konzentrationslager, in die sie verschleppt wurden.

Seit 1944 fehlten in der Batschka aber auch die Donauschwaben, die zweihundert Jahre lang hier gelebt hatten und dann vor den Partisanen geflüchtet waren oder von ihnen in Lager gesteckt wurden, bezichtigt, es allesamt mit den Besatzern gehalten, ja, diese ins Land gerufen zu haben. In Novi Sad und der ganzen Region trafen wir nur wenige und meist sehr alte Leute, die noch Deutsch sprachen; verheiratet mit Rumänen, Ungarn, Montenegrinern, Serben, hatten sie in den vergangenen Jahrzehnten kaum Gelegenheit gehabt, sich in ihrer Muttersprache zu üben. László glaubt nicht, dass die Wojwodina ihren multiethnischen Charakter wiedergewinnen oder auch nur das, was von ihm übrig geblieben ist, behaupten wird, doch er hofft es noch immer. Seine eigenen Kinder aber haben die Stadt, die Region, den Staat verlassen und leben im Ausland, in Budapest der Sohn, in Paris die Tochter, und deren Kinder werden hierher nur zurückkehren, um, so wie ich, einmal Nachschau zu halten, wo die Eltern aufgewachsen sind.

3

Gestern war es heißer als vorgestern gewesen, bis dahin der heißeste Tag des Jahres, und heute war es heißer als gestern. Die
Kellner im Café sagten es, die Wärter im Museum, sogar der
Polizist, den wir in der von Amtsgebäuden gesäumten Mihaila
Pupina nach dem Weg fragten, unterließ es nicht, darauf hinzuweisen. Am Trg Galerija fanden wir drei Museen, die uns
Schutz vor der Hitze verhießen, darunter die berühmte Galerija Matica Srpska. Die Matica Srpska ist der älteste und wichtigste serbische Kulturverein. Er wurde nicht hier, sondern
1826 von Flüchtlingen und Emigranten in Budapest gegründet, zum Zwecke, die gerade erst erwachende serbische Nation
kulturell zu festigen und ihr Museen, Zeitschriften, Verlage
zu bieten, auf dass sie sich in ihrem politischen und nationalen Selbstbewusstsein behaupte. Es gibt fast keine Nation auf
dem Balkan, deren wichtigste Kulturvereine und Institutionen
nicht in Budapest oder Wien, also in den Metropolen der
habsburgischen Monarchie, gegründet worden wären; und die
erste Grammatik wie die ersten Wörterbücher fast aller slawi-
schen Sprachen wurden in Wien geschrieben, von wo sie in
die Städte der erwachenden Nationen und Nationalitäten zurückkehrten und ein, zwei Generationen später zu Waffen gegen die Herrschaft Habsburgs wurden. 1864 übersiedelte die
Matica Srpska nach Novi Sad, in eine gleichfalls zur Donau-
monarchie gehörende Stadt, von der der große Vuk Karadžić,
der im Exil in Wien die serbische Sprache kodifiziert und ihr
die verbindliche Schriftform gegeben hatte, sagte, nirgendwo
sonst in der Welt lebten so viele Serben wie hier. Belgrad zählt
heute fünfmal so viele Einwohner wie Novi Sad, aber damals
hatten die Osmanen gerade wieder einen Aufruhr serbischer
Patrioten erstickt, einen zusammengetriebenen und verschnür-
ten Haufen von ihnen auf der Terazije, dem langgestreckten

Platz im Herzen der Stadt, ermordet und Abertausende in die Flucht gezwungen.

Serbische Museen zu besichtigen ist ein herzergreifender Jammer. Die Armut im Lande ist so groß und der Eifer der Regierenden so kulturlos, dass sie überall verfallen und manchenorts bereits geschlossen wurden, weil die Gebäude in einem Zustand sind, dass die Exponate außer Haus gelagert werden müssen. Auch das Museum der Matica Srpska von Novi Sad hatte schon bessere Zeiten und mehr Besucher gesehen als jetzt. Herzlich wurden wir begrüßt, als wären wir seit Monaten die Ersten, die das Wagnis auf sich nahmen, hierherzukommen, und weil der Angestellte am Eingang des Museums auf unseren großen Geldschein nicht herausgeben konnte, gewährte er uns mit grandioser Gebärde, die die Nichtigkeit irdischer Reichtümer abzutun schien, einen Nachlass von fast der Hälfte auf die ohnedies niedere Eintrittsgebühr. Die Führerin, eine alte Dame, mit ärmlicher Eleganz gekleidet, beeilte sich, uns zur ersten Orientierung durch alle Säle und Stockwerke zu führen, um sich dann zurückzuziehen und uns stundenlang vor den Kunstwerken unbeaufsichtigt verweilen zu lassen. Ich dachte an zuhause, an ein Museum in Wien, für das ich einmal einen Katalogtext verfassen sollte und in dem mir ein Wärter durch alle Stockwerke auf Schritt und Tritt folgte, stets gewärtig, mich niederzuschlagen, sollte mich der Teufel verführen, eine Spraydose auf ein Aquarell Waldmüllers zu richten.

Indem es seinen reichen Fundus an Kunstschätzen ausbreitet, legt das Museum der Matica Srpska den Besuchern zugleich nahe, sich ein bestimmtes Bild von der serbischen Geschichte zu machen. Zuerst, in den Jahrhunderten, nachdem die Osmanen das mittelalterliche Königreich der Serben vernichtet hatten, konnte das Serbentum einzig in seinem Glauben an den Gott und die Heiligen der Orthodoxie überleben, deren sichtbare Präsenz die Ikonen waren. Im 18. Jahrhundert wurde auch am Balkan das welthistorisch Neue entdeckt, das Individuum, und gleich in prägnanten, lebensnah anmutenden Porträts festgehalten. Und im 19. Jahrhundert entfaltete sich, nicht anders als sonst in Europa, auch in der bildenden Kunst Serbiens eine Vielfalt an Techniken und Themen, Moden und Marotten. Dass wir in den großen Museen der westlichen Welt die ewig gleiche Parade von Kandinsky über Picasso bis zu Warhol und Beuys geboten bekommen und sich die Museen nur mehr von ihrer Architektur her unterscheiden, und oft nicht einmal von dieser, hat den Museumstourismus erst so richtig langweilig gemacht. Der Museumstourist besucht Museen, damit er in ihnen das entdecke, was er schon von anderen Museen her kennt und bei dem er sich durch den Besuch anderer Museen hat überzeugen lassen, dass es sich um bedeutende Kunst handle, für die Museen aufzusuchen seine kulturelle Pflicht ist. Natürlich hat es weniger mit Kunst als mit politischer Macht und finanzieller Übermacht zu tun, dass in den Welt-Museen nur ein enger Ausschnitt der Welt-Kunst für diese gilt und zum Beispiel von den Jahrhunderten, in denen auch am Balkan gezeichnet und gemalt wurde, so gut wie nie etwas zu sehen ist; erst wenn die Künstler des Balkans diesen hinter sich ließen, die Nationalität wechselten und in Paris um die Wette malten, wurden sie beachtet, wie Arthur Brauner, um nur diesen einen Rumänen zu nennen, der als französischer Künstler berühmt wurde.

Nach meiner Gewohnheit suchte ich mir auch in diesem schönen, kühlen Museum, das fast sein ganzes Personal entlassen hatte müssen, jenes eine Bild aus, das ich mir in Erinnerung behalten wollte. Es stammte aus dem zweiten Jahrzehnt des 20. Jahrhunderts, ein Selbstporträt in inszenierter, symbolisch aufgeladener Umgebung, das eine Wirtshausszene zeigt: Wir sehen den Maler, der am Tisch einer Kaschemme sitzt, die Karaffe mit fast schwarzem Wein auf dem zerknüllten weißen Tischtuch vor sich, in der einen Hand ein halb gefülltes Glas, in der anderen eine Zigarette. Von rechts hinten neigt sich ein Geiger über seine Schulter, von links betrachten aus dem dunklen Raum gespannt zwei Zecher, was mit dem Gast, der ihnen den Rücken kehrt, und dem Geiger geschehen wird. Mit dem Geiger hat es eine besondere Bewandtnis, trägt er auf seinen Schultern doch einen Totenkopf, und statt der Finger lässt er seine Knochen, von denen alles Fleisch des Lebens geschabt ist, am Geigenhals wandern. Es ist also der Tod, der hinter dem Zecher fiedelt und sich schon ganz nahe an ihn herangespielt hat.

Aber nicht dies ist das Besondere des Bildes, sondern die Miene, die der Porträtierte bei alledem macht. Sein Haarschopf ist kräftig und schwarz wie auch der Schnurrbart, er ist ein gutaussehender, vitaler Mann Mitte vierzig. Der Tod sitzt ihm im Nacken, doch er trinkt und raucht – und lächelt. Es ist kein Hochmut in diesem Lächeln, das weder verächtlich noch ängstlich oder abgekämpft und resigniert wirkt. Dieser Mann weiß, dass es der Tod ist, der ihm ins Ohr spielt, und er weiß, dass ihm die Stunde bald schlagen wird. Der Tod nähert sich ihm nicht hinterrücks, vielmehr kehrt er selbst ihm heiter den Rücken. Seine Heiterkeit ist es, unangreifbar noch in diesem besonderen, seinem vorletzten Moment, die mich vor diesem Bild innehalten ließ, vor diesem Bild von Stevan Aleksić, der der Enkel des berühmtesten serbischen Kirchenmalers des 19. Jahrhunderts war und 1923, zwei Jahre nachdem er dieses Selbstporträt schuf, in Modoš an der heutigen Grenze zu Rumänien im Alter von 47 Jahren gestorben ist. Die Heiterkeit nährt sich aus keiner religiösen Hoffnung, nicht an einer nationalen Gewissheit oder Lehre der Welterlösung, sie hat keinen Grund als sich selbst und, vielleicht, den so oft verleugneten Geist dieser Stadt. Mann sollte die Leute vom Freiheitsplatz, auf dem ihrem Laster, dem großen Zorn, ein Monument errichtet wurde, jedes Jahr einmal in die Galerija Matica Srpska führen, vor dieses Porträt ihrer urbanen Tugend, der heiteren Gelassenheit.

4

Den langgestreckten Hauptplatz von Novi Sad säumen einige markante Bauwerke, von denen der Tanurdžić-Palast das auffälligste ist. Das riesige Wohnhaus mit vier Stockwerken und einem fünften, das zurückversetzt auf diese wie ein elegantes Oberdeck draufgesetzt wurde, verglich Aleksandar Tišma, der ein paar Jahre in ihm wohnte, mit einem Schiff, dessen Bug in den Platz ragt. Der schmale, an den Ecken abgerundete Bug geht in Längsseiten von etwa hundert Metern über, in denen sich im Parterre die Eingänge von zahlreichen Firmen und Geschäften befinden. Das Haus hebt sich stark von seiner Umgebung ab, mit dem ockeren Rot der Fassade, deren geometrischer Struktur, mit seinen geschwungenen Kanten, mit der an das Bauhaus erinnernden Architektur, die zu den historischen und historisierenden Gebäuden der Innenstadt einen deutlichen Kontrast bildet. Wir saßen unter den Plastikplanen eines Eissalons, die die mit Feuchtigkeit aufgeladene Luft noch mehr zu erhitzen schienen, und starrten träge auf den Palast gegenüber, der mir im flirrenden Licht mit seinem ausgedörrten Anstrich jetzt wie ein mächtiges Wüstenschiff vorkam, das hier am Grunde des ausgetrockneten pannonischen Meeres gestrandet war und für ewige Zeiten festsaß. Als Aleksandar Tišma in das Wüstenschiff einzog, trug es noch den Namen, den ihm 1933 der Architekt Đorđe Tabaković und der Bauherr gegeben hatten, »Merkur-Palast«.

Tišma war damals, als er Bewohner des Merkur wurde, Mitte

zwanzig und noch nicht lange wieder in seine Heimatstadt zurückgekehrt. Als Sohn einer ungarischen Jüdin und eines Serben war er der ihm zugedachten Vernichtung entronnen, weil er nach der »Razzia von Novi Sad«, dem fürchterlichen Schlag, der von den Soldaten, Gendarmen und zahllosen Helfershelfern der ungarischen Besatzer im Jänner 1942 gegen die Juden und Serben geführt wurde, seine Heimatstadt insgeheim verlassen und sich im Zentrum der Bedrohung, in Budapest, verborgen hatte. Dort grübelte er darüber, in welcher Sprache er seine dichterische Laufbahn beginnen sollte, auf Ungarisch oder auf Serbokroatisch, für das er sich schließlich entschied. Als der Krieg vorüber war, entdeckte er, dass etwas in ihm steckte, das ihn wie eine Art inwendigen Schattens begleitete und sein Leben beständig verdüstern, sein Schreiben bestimmen würde, die Scham; die Scham, überlebt und sich in den Jahren der Okkupation, da unzählige zu Tode kamen, monomanisch mit sich, seinen sexuellen Begierden und literarischen Plänen beschäftigt und keinerlei Gefühl der Gemeinschaft mit den Verfolgten entwickelt zu haben. Das Tagebuch, das er in jenen Jahren schrieb und erst im Alter veröffentlichte, bietet quälende Lektüre, nicht weil es von den Gräueln berichtete, die sich damals alle Tage ereigneten, oder die Gefahr schilderte, in der auch jener stand, der es verfasste, sondern weil all dies, die Zeit mit ihrer Grausamkeit, kaum eine Rolle in ihm spielt. Tišma notiert, dass er nächtens auf dem »Adolf-Hitler-Platz« unterwegs war, und räsoniert dann jedoch nicht darüber, dass mitten in Budapest ein historischer Platz diesen Namen trägt, sondern vielmehr über seine »Beute«, die er als »Jäger« ausgerechnet auf dem Adolf-Hitler-Platz erhascht: einsame, sehnsüchtige Frauen von Soldaten, die im Feld stehen, und die er für eine Liebesnacht gewinnt.

Zurückgekehrt nach Novi Sad, begann Tišma als Journalist und Lektor zu arbeiten und ging es dabei anfangs linientreu

kommunistisch an, eine Wende, die er, der sich so lange ge-
wehrt hatte, in die politischen Ereignisse verstrickt zu werden,
selbst für ebenso überraschend wie folgerichtig hielt. Als er ei-
niges Ansehen errungen hatte, wies ihm der Bund der Kommunisten Jugoslawiens eine Mansarde im Merkur-Palast zu, in
dessen hundert Appartements und Wohnungen Leute untergebracht waren, deren Arbeit für politisch wichtig galt und die
mit dem Benefizium, am zentralen Platz im modernsten Gebäude der Stadt zu wohnen, in ihrem Diensteifer bestätigt werden sollten. Tišma hielt den Kommunisten nicht lange die Par-
teitreue, was weniger damit zusammenhing, dass er etwas an
ihrer politischen Theorie oder Praxis im sozialistischen Jugoslawien der vielen Völker auszusetzen fand, als dass er, heillos
pessimistisch, ihr Pathos des Aufbaus und ihren Optimismus
nicht teilen und an ihrer Arbeit am »neuen Menschen« nicht
teilhaben mochte.

Jahrzehnte später veröffentlichte er seinen Roman »Das
Buch Blam«, dessen antriebsschwacher Protagonist von quälenden Erinnerungen überschwemmt wird und im obers-
ten Stock des Merkur-Palastes wohnt. Von dort sieht Miroslav Blam über die Stadt, die dabei ist, nach ihrem Untergang
in den Jahren der Besatzung neu zu erstehen, von dort macht
er sich auf seine täglichen Wege durch Novi Sad. »Das Buch
Blam« ist die Geschichte eines Mannes, der überlebt hat und
ins Leben nicht mehr zurückfindet, der ins Leben auch gar
nicht zurückfinden will, weil er dieses selbst als Verrat an seinen ermordeten Angehörigen und Freunden, als Verrat an den
namenlosen Bewohnern der Stadt empfindet, die im Widerstand ihr Leben gaben oder dem Terror der Besetzung als ganz
und gar unkämpferische Charaktere zum Opfer fielen. Mir
kommt vor, für Tišma war es paradoxerweise weniger bedeu-
tend zu überleben, als überlebt *zu haben*. Wie er überlebte, davon hat er in dem Tagebuch, das er schrieb, als er gerade täglich

in Not und Gefahr überleben musste, kaum etwas preisgegeben. Dass er überlebt *hatte* und künftig als Überlebender durch eine Welt ging, in der die Ermordeten fehlten und in der Gefahr standen, vergessen zu werden und gar niemandem mehr abzugehen, also nicht einmal mehr zu fehlen – das ist hingegen in gleißender Verzweiflung das Thema seiner Literatur geworden.

»Das Buch Blam« ist auch die Chronik einer Stadt, die sich nach dem Krieg so rasch verändert, dass die Spuren der Verschleppten, der Ermordeten bald verschwunden sein werden. Die alten Gassen und Straßen, durch die sie im Jänner 1942 drei Tage lang in Gruppen getrieben wurden, werden gerade zu breiten Boulevards demoliert; die Häuser, aus denen die Stoßtrupps sie holten, sind abgerissen wie auch jene, in denen sich ihre Nachbarn verbargen, um ihre langen Reihen nicht sehen zu müssen, und aus denen manche herbeieilten, um im großen Schlagen und Treten selbst dreinhauen und dreindreschen zu dürfen, von der faschistischen Macht, die über Leben und Tod gebot, dazu ermuntert und mit einem Mal wie entfesselt, als hätten sie schon lange darauf gewartet, dem Mann, vor dem sie gewohnheitsmäßig den Hut lüpften, über den Schädel prügeln und der gnädigen Frau ins Gesicht spucken zu dürfen. Die Plätze, auf denen die Leichen zu Haufen gestapelt wurden, sind verbaut worden, und Miroslav Blam hat es schwer, sich auf die Spur seiner Jugend zu setzen. Alle Tage macht er sich dennoch auf, und wenn er durch seine Stadt zieht, ein Flaneur, der sich mit leisem Ekel durch die Welt treiben lässt, ruft er in sich die Topographie des Terrors herauf: Von dort, am südwestlichen Ende des Hauptplatzes, führte einst die jüdische Gasse weg, die ein Stumpf geworden ist, weil sie nach zwanzig, dreißig Metern von einem neuen, mehrspurigen Boulevard zerschnitten wird. Blam erinnert sich Haus für Haus, das nicht mehr steht, von wem es einst bewohnt wurde und was er über das Ende seiner Bewohner in Erfahrung bringen konnte, wie sie zu Tode kamen, in dieser Straße oder an der Donau, zu der sie marschieren mussten, um im Strandbad erschlagen, erschossen, unter das Eis des zugefrorenen Flusses gestoßen zu werden.

Mit Tišmas Roman im Kopf zog ich kreuz und quer durch die Stadt, die sich seit den Zeiten, in denen Miroslav Blam sich in ihr nicht mehr zurechtfand, unaufhörlich weiter verändert hatte. In der von ihm als »Stumpf« bezeichneten einstigen Judenstraße sind heute moderne Allerweltshäuser geschlichtet mit schicken Allerweltsgeschäften, deren Auslagen so herausgeputzt sind und so schal glitzern wie irgendwo. Aber als ich beim lauten, vielbefahrenen Boulevard anstand, den zu überqueren nicht leichtfiel, sah ich, dass die Jevrejska auf der gegenüberliegenden Seite eine Fortsetzung hatte und sich nicht allzu weit entfernt eine mächtige Synagoge erhob, deren Fassade eingerüstet war. Aus der einstigen Judengasse ist nach dem Boulevard, mit dem die von der Donau und einer Art Ringstraße umgürtete Altstadt endet, eine breite Straße geworden, auf der die Autos brausen und in der die herausgeputzte Anmut der Innenstadt rasch staubig und schäbig wird. Der Vormittagsverkehr rollte, der Asphalt dampfte, die Autos hupten, doch als ich die Synagoge erreichte, einen massiven, hohen Bau im maurischen Stil, aus Abertausenden kleinen braunen und weißgetünchten Ziegeln gefügt, geriet ich von einem Schritt zum andern in eine andere Welt der Stille.

Die Synagoge ist von einem schmiedeeisernen Zaun umgeben, den als schön und elegant zu empfinden mich schreckte, weil er im April 1944 für viele zum Schrecken wurde, die Grenze von Tod und Leben bedeutete. Damals wurde aus der Synagoge ein »Dulag«, das Durchgangslager, in dem die Juden, die die Razzia zwei Jahre vorher überlebt hatten, zusammengetrieben und für ein paar Tage verwahrt wurden. Einige Hundert standen dichtgedrängt hinter dem schwarzen eisernen Zaun und nächtigten in der großen Halle des Tempels, in dem jetzt die Bauarbeiter ihre Mittagspause machten. Die Juden, Bürger und Bürgerinnen der Stadt Novi Sad, die von den Schwaben Neusatz, von den Ungarn Újvídek genannt wurde, standen mit ihren Koffern in apathischer Stille jenseits des Zaunes, und diesseits standen nicht etwa ihre schwäbischen, ungarischen, slowakischen Nachbarn, um von ihnen Abschied zu nehmen oder gar ihre Deportation in die Vernichtungslager zu verhindern, diesseits stand einzig: die Kreatur.

In einer schauerlichen und auf schauerliche Weise schönen Passage seines Romans schildert Tišma, wie die Hunde, deren Herren hinter dem Zaun gefangen waren, sich weigerten, ihren Platz zu verlassen, wie sie von den Wachmannschaften, anders als die widerspenstigen Menschen, nicht erschossen, aber geprügelt und verjagt wurden, doch geprügelt und verjagt immer wiederkehrten, sich gegenüber der Synagoge in den Staub legten oder sie heulend umrundeten und sich, ratlos, verängstigt, unruhig, als Einzige in dieser Stadt weigerten, die Menschen zu vergessen, die dem Tod bestimmt waren, aber ihre Stadt noch gar nicht verlassen hatten. Am vierten Tag wurden die Häftlinge des Dulag in der Nacht zum Bahnhof getrieben, begleitet vom jetzt fröhlichen Gebell der Hunde, die ihre Herren in der Menge ausgemacht hatten und neben ihnen herliefen, bis sie am Bahnhof angelangt waren. Dort »stießen sie ihre Schnauzen gegen die Körper ihrer Herren und bekamen ein paar aufgesparte Happen. Dann blieben sie allein zwischen den Schienen. Ein Weilchen liefen sie dem Zug nach, dann gaben sie auf, weil sie den vertrauten Geruch nicht mehr witterten. Sie sahen verwundert auf die Felder und Gräben, zwischen die sie geraten waren, kühlten ihre langen, roten, heraushängenden Zungen und trollten sich einer nach dem anderen in Richtung Stadt.«

Die Bauarbeiter, die gerade ihre Mittagsbrote verzehrt hatten, winkten mir freundlich zu, als sie wieder nach draußen gingen, ich saß in der ersten Reihe des Tempels, der keiner mehr war, und schaute auf den unter einem Plastikbezug geschützten schwarzen Flügel. Hier wurden schon lange keine religiösen Zeremonien mehr gefeiert, sondern Konzerte gegeben; bereits Blam, der Überlebende, saß hier und verlor sich, als er dem Philharmonischen Kammerorchester zuhörte, in Gedanken, die sich in ihm zu einem jähen, aber für ihn überfälligen Entschluss formten. Umgeben von den andächtig lauschenden Freunden der Musik, unter denen er gezählte Überlebende entdeckt, vernimmt er im Wohlklang der Musik die eine Frage, die er sich zu stellen so lange nicht wagte: Was geht das alles eigentlich mich an? Was habe ich damit zu tun? Nicht nur mit der Musik, nicht nur mit den Freunden der Musik, als deren einer er hier sitzt, sondern auch: mit den vielen, die früher, als der Konzertsaal noch ein religiöser Versammlungsraum war, hierhergekommen waren, um die Riten einer Religion zu hüten, an die er, Blam, doch gar nie glaubte, wie er ihrer Gemeinschaft, der jüdischen, auch nicht aus eigenem Entschluss zugehörte, sondern weil andere ihn zwangsweise dem Judentum zuordneten und gewissermaßen eine jüdische Identität über ihn verhängten. Er fühlt sich fremd in diesem Saal der Musik, in diesem Tempel des Judentums, nie hatten ihn die »orientalische Musik« und »diese Fieberhaftigkeit der rituellen Handlungen« ergriffen, und wie sein Vater, »der einen Bogen um den Tempel machte und ihm den kosmopolitischen Qualm der Kaffeehäuser vorzog«, hatte er keine Beziehung zur jüdischen Gemeinde unterhalten. Aber der Vater Blam wurde dennoch als Jude deportiert und ermordet, und der Sohn, der davonkam, hat sich einige Jahre verpflichtet gefühlt, einer Gemeinschaft die Treue zu halten, die er gar nicht als die seine empfand.

Es ist das Elend des Überlebenden, der niemals wieder sein eigener Herr wird, sondern immer über »Treue und Verrat« grübeln wird, wie der Titel eines anderen quälenden und selbstquälerischen Buches von Aleksandar Tišma lautet; über eine Treue, die er sich nötigt, für Menschen und Dinge aufzubringen, die ihm fremd sind, und über einen Verrat, von dem er glaubt, er begehe ihn, sobald er sich verhält, wie es ihm eigentlich immer schon angemessen wäre. So grübelnd fasst Blam einen Entschluss: Er will »kein verlogenes Leben« mehr führen, und deswegen erhebt er sich während des Konzerts, gerade als die Streicher innig jubilieren, verlässt Synagoge und Konzertsaal, die er nicht mehr betreten wird, geht durch die Stadt, die in klirrender Fremde starrt; er geht für sich allein und spricht sich von der Pflicht los, den Toten, die hier vor ihm gingen, die Treue zu bewahren. Nichts wünscht er sich so sehr, als einsam, für sich, ohne Verbindung und Verpflichtung zu leben, der Überlebende, der kein Überlebender sein möchte und immer einer bleiben wird.

5

In der Kastanienallee, die einst Bem-Straße, danach Deutsche Straße hieß und heute Ćirpanova ulica heißt, stehen keine Kastanienbäume mehr. Ich ging eine Straße entlang, die von fünf- und sechsstöckigen Häusern gesäumt war, in der die Straßencafés ihr Mobiliar aus Plastik auf das Trottoir herausgestellt hatten und nichts an die Zeit erinnerte, als der Name der Straße noch einem ungarischen Revolutionshelden oder den deutschen Handwerkern huldigte, die hier lebten und ihre Läden hatten. In der zweiten Hälfte des 19. Jahrhunderts war die ganze Region mit ihrer Hauptstadt Novi Sad unter ungarische Verwaltung gefallen. Seitdem die Habsburger ihre brüchig werdende Macht durch den staatsrechtlichen »Ausgleich« mit Ungarn zu sichern versuchten, herrschten über etliche ihrer Gebiete im Südosten des Reiches die ungarischen Magnaten, die überall eine stupide Politik der Magyarisierung betrieben, von der sie, selbstgefällig im Dünkel nationaler Überlegenheit, behaupteten, sie würde den barbarischen Völkern der Peripherie das Geschenk der europäischen Kultur bringen.

So kam es, dass aus dem Zentrum von Novi Sad eine Straße hinausführte, die an den ungarischen Revolutionsführer Josef Bem erinnerte, der 1848/49 den Habsburgern schwere Niederlagen in Siebenbürgen zugefügt hatte. Als der ungarische Aufstand niedergeschlagen wurde, war Bem, ein genialer Stratege, süchtig nach Schlachtenlärm und Kriegsgeschrei, nach Stambul geflohen, am Hof des osmanischen Sultans zum Islam übergetreten und als Amurat Pascha zum Befehlshaber einer Heeresgruppe ernannt worden, die unter seiner Führung die unbotmäßigen Provinzen mit Massakern zur Räson zu bringen versuchte. Nach dem Mann, der zuerst General eines bürgerlich-nationalen Revolutionsheeres war und dann General einer feudal-osmanischen Truppe wurde, deren Aufgabe es war, nationale Aufstände in Blut zu ersäufen, wurde in Novi Sad eine Straße benannt! Bemerkenswert daran ist nicht nur, wen die Ungarn als großen Ungarn zu ehren bereit waren, sondern auch, dass im riesigen habsburgischen Reich der vielen Völker Straßen, Plätze, Schulen nach Kriegern benannt werden konnten, die dieses Reich militärisch bekämpften und als Offiziere in feindlichen Heeren dienten. Dergleichen, bin ich mir sicher, hat es seither nicht häufig mehr gegeben.

Mit der Bem-Straße war es 1918 vorbei, als die Monarchie der Habsburger zerfiel und Ungarn der Länder verlustig ging, über die es geherrscht hatte, darunter Siebenbürgen, das Banat und die Batschka, die Slowakei. Im neu erstandenen Königreich der Jugoslawen, zu dem Novi Sad, das deutsche Neusatz, das ungarische Újvídek, jetzt gehörte, wurde aus der Bem-Straße die Deutsche Straße, denn hier lebten in der Zwischenkriegszeit vornehmlich Deutsche, aber auch Juden, von denen sich manche zu den Ungarn, andere zu den Serben und wieder andere zu den Deutschen rechneten. Die Ćirpanova-Straße, in der heute kein Bedarf an ungarischen Helden und deutschen Handwerkern mehr besteht, ist eine nicht unhübsche Straße ohne Gedächtnis, in der nichts mehr an ihre Geschichte erinnert, auch der artesische Brunnen, der in einer kleinen Senke stand und unablässig Wasser sprudelte, und der große Kinderspielplatz, von dem in alten Büchern steht, sind verschwunden.

Von der Welt von vorgestern, der ungarischen Ära, den deutschen Schustern, Gärtnern, Tischlern, Spenglern, Kutschern, Zimmerern, von denen ich in einem alten Einwohnerverzeichnis las, zeugt hier nichts mehr, und was hier bröckelt, ist fast neu und doch schon im Verfall, die Mode von gestern Nachmittag, die schon zerschlissen ist und Risse zeigt. Wer hier seine Kindheit suchte, hätte es schwer, einen Punkt zu finden, an dem er sich orientieren könnte, einen Blick in die Straße, zwischen die Häuser, auf eine Brache, der seine Erinnerung anstoßen könnte. Auch Andreas Sam hat die Kastanienallee nach dem Zweiten Weltkrieg gesucht und nicht mehr gefunden. Was er fand, im rasanten Aufbau, das war das Fehlende, das, was nicht mehr vorhanden war, hier, in der Kastanienallee von Novi Sad, deren Bäume gefällt worden waren, um dem modernen Wohn- und Straßenbau Platz zu machen.

Andreas Sam ist ein Überlebender wie jener Miroslav Blam, dem er wohl nicht zufällig von seinem Namen her ähnelt. Vielleicht haben Danilo Kiš und Aleksandar Tišma einander mit den Namen ihrer Roman-Protagonisten die Reverenz erweisen wollen, grundverschieden gingen sie es jedenfalls an, ihr Schicksal, das unter dem gleichen schwarzen Himmel stand, literarisch zu gestalten.

Danilo Kiš, ein Fremdling unter Fremden, selbstgewiss und scheu, hat seine Literatur obsessiv dem Versuch gewidmet, wieder heimisch zu werden in der Welt. Die Romane dieses pannonischen Juden sind ein einziger Versuch, über die Anstrengungen des Erinnerns und mit der Kraft der poetischen Beschwörung eine ganze Welt in der Literatur wiederauferstehen zu lassen, die in der Realität nicht melancholisch versunken war, sondern ausgelöscht wurde: jenes Mitteleuropa, von dem Pannonien, die kleine Versuchsstation, in der zwischen Donau, Save und Theiß mit dem Zusammenleben vieler Völker experimentiert wurde, ein schöner Teil war, bis zuerst das Gift des Nationalismus in ihn einsickerte, von allen Seiten, und später die Nationalsozialisten und die ungarischen Pfeilkreuzler ihre Blutspur durch die Region zogen und Jagd auf die Juden machten (gerade hier in Pannonien waren die Juden die Brücke zwischen den Völkern, der Bote zwischen den Nationalitäten gewesen).

In seiner Trilogie »Familienzirkus« versucht Kiš, sich den deportierten Vater zu vergegenwärtigen, einen huschenden Schatten, der im »Gehrock« und mit Hut durch seine Kindheit zog und eines Tages nicht mehr auftauchte, nie mehr wiederkehrte. Wie dem Vater, der auf ewig diese flüchtige Gestalt eines Mannes in mittleren Jahren bleiben wird, versucht er den zahllosen Menschen wieder einen Namen zu geben, ein Gesicht, eine Biographie, die aus dem Haus, dem Viertel, der Stadt seiner Kindheit verschwunden sind. Alles, buchstäblich alles, was für sie zeugt, die nicht mehr existieren, will er benennen in seinem großen Zeugnis wider den Tod. Es ist eine Religion des Details, der er huldigt, aber er ist ein Glaubender, der sich selber seiner schwachen Kräfte anklagt; denn so konzentriert er sich auch erinnert, die unmerklichen Dinge, Gerätschaften, die vergessenen Stimmen, verlöschten Bilder aus dem Gedächtnis heraufholt und seitenlang die Namen von Nachbarn, Freunden, Verwandten aufzählt, die ermordet wurden oder mit jener Welt untergegangen sind, die aus ihnen allen bestand – so schmerzlich ist ihm bewusst, dass er dabei scheitern muss.

In den Litaneien, die er den Gegenständen oder Biographien widmet, mit denen er sein Pannonien beschwört, in diesen Litaneien auf längst verrottete Dinge, verfallene Behausungen, verwehte Stimmungen ist immer der Drehorgelton des Scheiterns zu vernehmen. Denn keine Aufzählung kann je vollständig sein, jede neue Einzelheit rückt die Vollständigkeit in weitere Ferne. Das Unendliche wächst, je näher man ihm kommt, immer weiter ins Unendliche; und trotzdem, dass es vergeblich ist, spricht nichts gegen das Unterfangen selbst, im Gegenteil, gerade die Vergeblichkeit beweist uns, wie notwendig er ist, dieser Versuch, erinnernd, halluzinierend, schreibend die ausgelöschte Welt noch einmal zu erschaffen, ein Versuch, der niemals gelingen kann und niemals zu einem Ende kommen darf.

6

Am späten Nachmittag fuhren wir nach Futog hinaus. Auf dem jüdischen Friedhof, der sich stadtauswärts an der Futoška befindet, konnten wir kaum neue Gräber entdecken, hier starb nur mehr selten ein Jude, weil kaum mehr Juden hier lebten. Die Straße war vielbefahren, Novi Sad franst wie die meisten größeren Städte an den Rändern in unansehnliche Gewerbezonen und Einkaufszentren aus. Nach einer Weile sahen wir die neuen Siedlungen aus lauter Ein- und Zweifamilienhäusern, die wie kleine Phantasieburgen mit eigenartig provisorischem Protz aneinandergereiht waren. Hier lebten die Leute, die vor ein paar Jahren von der letzten Siedlerwelle hergespült worden waren. Schon nach dem Zweiten Weltkrieg wurden viele

Montenegriner in die Wojwodina übersiedelt, die einst national gemischten Dörfer, die von ihren deutschen Bewohnern verlassen oder ethnisch gesäubert worden waren, mussten aufgefüllt werden, damit sie nicht verfielen. Aus dem armen Montenegro zogen Bauern in die Batschka, die es gewohnt waren, gebirgigem Land bescheidene Erträge abzukämpfen, und die sich in dem flachen Land, in das sie versetzt wurden und in dem ganz andere Früchte und Getreidesorten gediehen, so schnell nicht zurechtfinden konnten.

Wie jeder Region, die ins Räderwerk der Gewalt und Gegengewalt, der Verfolgung und Rache geriet und ihm mit einem Donnerschlag der ethnischen Purifizierung zu entkommen versuchte, hat es auch der Wojwodina lange nachwirkenden Schaden zugefügt, dass das jahrhundertealte Ineinander der Nationen und Nationalitäten zerschlagen wurde. Am Ende waren auch jene ärmer als zuvor, die sich – was sollten sie auch sonst mit den leeren Häusern, den brachen Feldern und Obstgärten machen – Hab und Gut der vertriebenen Donauschwaben angeeignet hatten. Und jetzt, vor ein paar Jahren, da sie nach zwei Generationen im Land endlich heimisch geworden waren und wussten, wie es sich auf ihm und mit ihm leben ließ, kamen die nächsten Neuen an. Es waren Abertausende Serben, die aus dem Kosovo, in dem sie seit jeher zuhause waren, hatten fliehen müssen, sie kamen, gerufen von der serbischen Regierung der 1990er Jahre, die sich davon eine markante Stärkung der serbischen Mehrheit im Land erwartete, und brachten ihre angestammte Lebensweise mit, die manchen der hier schon länger Ansässigen verdächtig oder gar zuwider ist.

Ein Ungar, der sich in Novi Sad zu uns an den Kaffeehaustisch gesetzt hatte, war in Wut geraten, kaum dass ich ihn mit kalter Berechnung zum Erzählen verführt hatte. Was ihn an der neuen Zeit ergrimmte, das war nichts anderes als die Veränderung der kulinarischen Sitten in der Region. Tatsächlich hatten wir überall an der Landstraße die kleinen, mehr behelfsmäßig errichteten Imbissbuden gesehen, die Ćevapčići und gegrilltes Fleisch anboten. Und das bei uns, empörte sich der Mann, die wir Ćevapčići bis vor ein paar Jahren höchstens vom Urlaub kannten, denn hier wurde bisher Gulasch gegessen und Strudel, wie in Wien oder Budapest, nicht Börek oder Ćevapčići, wie in Belgrad oder Niš! Aber seitdem die Albaner, ja, so nannte er die Serben, die vor den Albanern aus dem Kosovo geflohen waren, seitdem die Albaner hier wären und von der serbischen Regierung die schönsten Siedlungen hingestellt bekämen, waren die Speisen, die die Region mit Mitteleuropa verbunden hatten, in einem alltäglichen Küchenkrieg verdrängt worden … Er war klein und gedrungen, und wie er sich empörte, kam mir vor, dass sein Haupt nicht auf den Hals gesetzt, sondern in diesen hineingeschraubt und dabei um ein, zwei Drehungen zu fest zugezogen worden war. Es sah aus, als würde sein Schädel auf dem Brustbein aufliegen, fest von den Schulterblättern eingefasst, und ich staunte, wie der Grimm in ihm geradezu körperliche Gestalt angenommen hatte, zum Monument seiner selbst geworden war.

7

Irgendwann entdeckte ich am Straßenrand das Ortsschild von Futak. Fast wären wir die Straße, die durch hässliche Vororte geführt hatte, weitergefahren, so wenig Aufhebens machte dieses Futak von sich und so wenig schien es zu versprechen. Kaum ist man von der Durchzugsstraße abgezweigt, gerät man jedoch in eine andere, dörflich anmutende Welt, die von einer langen, geraden Straße durchzogen wird, an deren einem Ende die orthodoxe, an deren anderem die katholische Kirche steht.

Von dieser Straße weg ziehen rechtwinkelig Gassen ab, die miteinander wieder über Gassen in rechtem Winkel verbunden sind – die geradezu geometrische Ordnung einer überschaubaren und, wie meine Mutter es oft erzählt hatte, von starker sozialer Kontrolle geprägten Welt.

Die orthodoxe Kirche war hier, im lange habsburgischen Teil Serbiens, von der katholischen fast nicht zu unterscheiden. In der Batschka und im Banat waren viele orthodoxe Kirchen sogar schönbrunnergelb gestrichen, einzig die andere Form des Kreuzes am Kirchturm markierte ihre Zugehörigkeit zur Orthodoxie. Neben die alte orthodoxe Kirche war vor kurzem mitten in deren Kirchhof hinein ein voluminöser Neubau in byzantinischer Form gesetzt worden, sodass jetzt dicht neben der alten, in barockem Stil gehaltenen Kirche eine neue stand, die in den ersten Jahren des 21. Jahrhunderts im Stil des 15. errichtet wurde. Diese skurrile sakrale Architektur ist von der serbischen Synode vor einigen Jahren zur Norm erklärt worden, sodass alle neuen Gotteshäuser des Landes so tun, als wären sie lange vor der Erfindung der Moderne, als die Welt noch heil und ganz war und im Licht der östlichen Sonne erstrahlte, erbaut worden.

Die Gassen, die von der Hauptgasse abzweigten, waren von bescheidenen Einfamilienhäusern gesäumt, deren kleine Gärten intensiv genutzt wurden und in denen dichtgedrängt Bohnenstangen, Tomaten- und Paprikastauden, Apfel- und Marillenbäume standen. Wir gingen durch den Ort, hinauf und hinunter, er schien in der Hitze des Tages von seinen Bewohnern geräumt worden zu sein, kaum ein Mensch war zu sehen, kaum ein Laut zu hören. Nur ein leichtes Säuseln war zu vernehmen, aus dem nach und nach ein fernes Rauschen wurde. Ich merkte nicht, wie es geschah, aber mit einem Mal spürte ich, dass die Donau, der Fluss meiner Kindheit und aller Erzählungen, ganz nahe sein musste.

Vor uns erhob sich eine kleine Aufschüttung von Erde, auf der ab und zu ein Radfahrer vorbeifuhr. Und von diesem Wall aus senkte sich eine Wiese, die am unteren Ende mit Bäumen und Sträuchern bestückt war, zum Fluss hinab, den wir keine hundert Meter vor uns fließen sahen. Hier endlich war auf einmal wieder etwas zu hören: das Geschrei unzähliger vergnügter Kinder. Kein anderes Vergnügen, hatte meine Mutter noch am Ende ihres Lebens erzählt, habe sich mit jenem messen können, das es ihr bereitete, als Mädchen die Sommertage am Ufer der Donau zu verbringen, in den Fluss zu springen, sich ein paar hundert Meter abwärts treiben zu lassen und dann wieder auf dem Wall zurückzugehen. Und der Höhepunkt des Badetages war es gewesen, wenn der albanische Eisverkäufer mit seinem »Bizikl«, wie das Fahrrad hieß, nachmittags vorbeikam, mit einer großen Glocke bimmelte, »Sladoled« rief und die Kinder vom Fluss zum Wall hinaufstürmten, um sich ein Eis zu kaufen.

Es war, als zeigte die Wirklichkeit sich bereit, die Geschichten, die erzählt werden, zu bestätigen, denn als wir aus dem Ort auf den Wall traten, die Donau vor uns, die vielstimmige Daseinsfreude der serbischen Kinder, die sich dort vergnügten, im Ohr, hielt wie bestellt ein Mann sein Fahrrad mit einem Anhänger keine zehn Meter von uns entfernt an, hob eine Glocke, begann kräftig zu bimmeln und »Sladoled« zu rufen, worauf unverweilt vom Fluss die Kinder heraufstürmten, dahinter etwas langsamer die Jugendlichen näher schritten und nach diesen die jungen Liebespaare, die eng umschlungen gingen. Wir standen fassungslos, meine Frau, die die Geschichten vom Sommer an der Donau noch selbst von meiner Mutter gehört hatte, die Freunde, denen ich auf der Fahrt durch Sirmien erzählt hatte, was mir selbst von dieser kleinen Welt und einer so lange zurückliegenden Zeit erzählt worden war, und ich.

Später, in der katholischen Kirche, nickte ich meiner Mutter in der Reihe der Mädchen zu, die zur Erstkommunion in die Kirche einzogen: Ja, jetzt bin ich doch hierhergekommen! Und wie sie mir, nur ganz kurz, um dann wieder andächtig bei ihrer Sache zu sein, zulächelte, kam mir vor, dass sie sich wieder einmal bestätigt fühlte in ihrer Überzeugung, besser zu wissen als ich, was das Richtige für mich war. Das schöne Mädchen vor Augen, das meine tote Mutter war, fasste mich jäh die Gewissheit ans Herz, dass die Zeit, mich darüber zu ärgern, unwiderruflich dahin war.

Die Augen von Zagreb

I

Das erste Mal fuhr ich nach Zagreb, um eine Gruppe trauri-
ger Gelehrter zu besuchen und ein Auge zu verspeisen. Der
Zerfall Jugoslawiens war noch unausdenklich fern und hatte
doch längst begonnen, in jener Novembernacht des Jahres
1986, in der wir um Stunden verspätet in der stockfinsteren
Stadt eintrafen. Die ganze Wegstrecke hatte es auf der rumpe-
ligen Straße von Ljubljana her geschüttet. In einer Gaststätte
am Stadtrand wurden wir von einem mürrischen Mann erwartet, der uns zu einem distinguiert verfallenden Haus in der
Nähe des Trg Republike lotse und in eine Wohnung im obers-
ten Stockwerk führte. Im peitschenden Wind war der langgestreckte Hauptplatz der Stadt jetzt von kleinen Seen bedeckt,
in denen die Lichter der Laternen glitzerten. Es war zu spät,
um noch auszugehen, doch fanden wir in dem mit lautem Ge-
triebe arbeitenden Kühlschrank Ziegenkäse und Paprika, und
in der Küche waren ausreichend Brot, Wein, Schnaps bereit-
gestellt. Mein Zimmer war feucht, die Tuchent schwer und
klamm, und die Kirchenglocken schlugen scheppernd jede
halbe und volle kommunistische Stunde, sodass ich häufig aus
dem Schlaf gerissen wurde und aufstand, um aus dem Fenster
zu schauen. Hinter den dichten Regenschleiern konnte ich als
dunkle Striche in der Finsternis die Silhouette der Oberstadt
erkennen, die sich hinter dem Dolac, dem über eine Treppenanlage erreichbaren Marktplatz, erhob.

Der Mann, der uns wortkarg zur Unterkunft geleitet hatte,
holte uns anderntags gegen zehn Uhr ab, herzlich grüßte er
jetzt, als wären wir alte Bekannte, und groß war seine Freude,
als er die leere Wein- und die angebrochene Schnapsflasche

entdeckte. Er führte uns durch die immer noch wolkenverhangene Stadt nur um ein paar Ecken, bis wir bei dem Haus des Schriftstellerverbands am Trg Republike ankamen. Das Büro im ersten Stock, deren Tür mit leisem Summen aufsprang, hatte hohe Räume, gelbweiße, mit dem Rauch Abertausender Zigaretten gebeizte Wände und einen stuckverzierten Plafond. Vor einer dunklen Holztür hieß der Führer uns warten, er selbst verschwand, sich seitlich drehend, durch die Tür, die er nur einen Spaltbreit öffnete und hinter sich gleich wieder schloss. Ich hörte, dass drinnen leise gesprochen wurde, und wie immer, wenn ich vor einer geschlossenen Tür warten musste, spürte ich sogleich diese lästige, heftig im Hals klopfende Beklemmung. Ich fragte mich, was ich in Zagreb verloren hatte und ob es klug gewesen sei, hierherzukommen, da ging die Tür auf, unser Begleiter deutete eine liebenswürdige Verbeugung an, sodass uns nichts übrigblieb, als einzutreten.

Was ich sah, waren sieben alte Herren in grauen Anzügen und mit Krawatten in kräftigem Rot, Grün, Gelb, die unter einer Glocke von Rauch an einem ovalen Holztisch saßen und sich freundlich nickend zur Tür wandten. An der oberen Schmalseite erhob sich eine mächtige Gestalt, ein Mann im sicheren Zutrauen auf seine würdevolle Erscheinung und im Vollbesitz seiner gesellschaftlichen Bedeutung, der auf Deutsch altväterische Begrüßungsformeln zu sprechen begann und mir seine weiche Hand reichte. Dann umfasste er mich überraschend fest bei den Schultern, wie er es nicht inniger getan haben könnte, hätte er einem Sohn oder jüngeren Freund versichern wollen, dass dieser das Abenteuer, auf das er sich eingelassen hatte, gewiss siegreich bestehen werde. Das also waren die Gelehrten von Zagreb, die in der ihnen wichtigsten Angelegenheit ihre letzten Hoffnungen ausgerechnet auf mich setzten, ein Bürschchen aus Österreich von nicht viel mehr als dreißig Jahren!

Ich hatte in den Jahren davor einen kroatischen Autor für mich entdeckt und ihn, der ich damals als Leser fast immerfort begeistert oder empört war und nur aus der Begeisterung und der Empörung heraus zu schreiben vermochte, in Porträts und Artikeln zum Jahrhundertgenie ausgerufen, das alle wichtigen geistigen Strömungen des 20. Jahrhunderts vorweggenommen habe. Die fünf, sechs Bücher, die irgendwann ins Deutsche übersetzt worden waren, kannte ich von ihm, aber über die gewaltige Dimension seines Werks, über den Reichtum an Formen und Gattungen, in die es sich ausfächert, war ich mir noch keineswegs im Klaren, als ich zu meinen donnernden Kanzelpredigten für Miroslav Krleža antrat: begeistert vom Sprachrausch dieses Autors, der den Kroaten als größter Schriftsteller ihrer Nation galt und außerhalb des Vaterlands doch viel zu wenig bekannt geworden war, überwältigt von dem großen Zorn, der in seinen Büchern brausend orgelt, beeindruckt von seinem enzyklopädischen Wissen. So leidenschaftlich hatte ich mich für ihn ins Gefecht geworfen, dass die Kunde davon bis in seine Heimatstadt gedrungen war. Europa weigerte sich, von einem seiner größten Schriftsteller Kenntnis zu nehmen, aber seine kroatischen Adepten registrierten es sofort, wenn sich irgendwo in Europa einer zeigte, der tauglich und willig schien, seinen Dienst als Herold ihres großen Krleža anzutreten.

Die alten Männer, die sich nach der förmlichen Begrüßung ihre Zigarren und Zigaretten wieder angezündet hatten, bildeten nicht weniger als die Crème de la Crème der kroatischen Philologie. Ihre gesammelten Schriften füllten in den Bibliotheken viele Regalmeter, mit ihren Studien zu dieser und jener literarischen Strömung des 16. oder 19. Jahrhunderts, zu diesem und jenem Autor, den sie dem Kanon der jugoslawischen Literaturen zugefügt hatten, und, natürlich, mit ihren Arbeiten über den größten Dichter der Kroaten, der mit jedem Buch eine neue Seite in der Literaturgeschichte der Nation aufgeschlagen hatte. Jeder von ihnen hatte reichlich Ehrungen und Orden erhalten, und doch waren sie alle unglücklich, eine Bitternis träufelte beständig in ihre Existenz, denn sie vermochten, so fleißig sie arbeiteten und so tapfer sie versuchten, über ihre Kreise und die Grenzen ihres Landes hinaus zu wirken, an einem Verhängnis nicht das Geringste zu ändern: dass es nicht ein, sondern zwei Europa gab. Und dass das eine im Westen, gesegnet mit Aufklärung, Industrie, Moderne, Wohlstand und Arroganz, sich selbst genug war und von dem anderen im Osten, das jahrhundertelang für fremde Herren hatte schuften, kämpfen, bluten müssen, schlichtweg nichts wissen wollte; nichts wissen wollte, weil es das zweite, das lange unterworfene, ewig abgewiesene Europa für langweilig oder gefährlich, jedenfalls für rückständig und uninteressant hielt. Kurz, außer den Kroaten und den Jugoslawen wussten nur wenige Kenner, dass Miroslav Krleža nicht nur der kroatische Goethe, sondern überhaupt der Goethe des 20. Jahrhunderts war, und was sie auch anstellten, das zu ändern, es gelang ihnen nie, die Welt davon zu unterrichten, weil die Welt einfach taub und blöde war und in ihrer Unwissenheit nicht gestört werden wollte.

Kaum dass sich irgendwo ein neuer Jünger Krležas zeigte, wurden die sieben Würdenträger unruhig, wieder einmal witterten sie die letzte der periodisch wiederkehrenden letzten Chancen, Krleža der tumben Welt bekanntzumachen. Und nun hielten sie ausgerechnet uns für berufen, diesen Auftrag zu übernehmen: mich, von dem sie kurios überschätzten, was ich zu bewirken vermochte; den slowenischen Verleger aus Kärnten, der gerade erst daranging, seinen eigenen Verlag zu gründen, mit dem er nicht weniger im Sinn hatte, als die überkommene Rangordnung der europäischen Literaturen umzustürzen; und den jungen Mann, der sich als »Wortland-streicher« bezeichnete, die besten Autoren aller Länder und Sprachen immer schon zu kennen schien und so die Teilung in zwei Europa für sich längst aufgehoben hatte. Ausgerechnet auf uns drei, die wir im Verlags- und Pressewesen nichts auf den Weg zu bringen in der Lage waren, war die Miroslav-Krleža-Gesellschaft verfallen, um mit unserer Hilfe zehn, nein, besser gleich zwanzig Bände der Gesammelten Werke ihres Titans in deutscher Sprache herauszubringen. Wir wussten nicht, wie uns geschah, wehrten uns gegen die angemaßte Ehre und waren doch eitel längst dazu bereit, mit dieser Unternehmung edlen Schiffbruch zu erleiden. Natürlich scheiterte auch dieser Versuch, Krleža im deutschen Sprachraum berühmt zu machen, und darum muss er noch immer alle paar Jahre wiederentdeckt und neu vorgestellt werden.

Über dem Treffen lag schon damals die Melancholie der Vergeblichkeit: Die Respekt gebietenden Männer, hochgeachtet im eigenen Land, aber machtlos, was die Verbreitung ihrer Erkenntnisse im Ausland betraf, waren mit der widerständigen Eleganz alter Bürger angetreten, wie aus Zeiten, als Zagreb noch Agram hieß. Diese gebildeten, formbewussten Bürger gehörten der Kommunistischen Partei an oder auch nicht und verstanden die kroatische Literatur jedenfalls als Teil der jugoslawischen, die ihnen eben als solche der europäischen zugehörte; wenige Jahre später waren sie im Nationalismus untergegangen, sei es, dass sie sich ihm ergaben, resigniert oder aktivistisch, sei es, dass sie als plötzlich verfemte Jugoslawisten oder Kommunisten von ihm aus ihrer Stellung gespült wurden.

Damals aber war spät, gegen 14 Uhr, noch ein Mittagessen angesetzt, auf dem der Reihe nach auf Jugoslawien, Kroatien, Europa, Österreich die Gläser erhoben wurden, als wäre es das selbstverständlich Gegebene für Leute, die sich an diesem Ort mit Literatur, der Zivilisation, der Geschichte beschäftigten. Für das Diner war der Nebenraum eines Restaurants festlich gerüstet, und dort, wo auf einer mit dicken weißen Tischdecken drapierten Tafel altes Porzellan und geschliffene Gläser standen und die Kellner im Livree schon nachschenkten, kaum dass man vom fruchtigen Weiß- oder vom schweren Rotwein genippt hatte, dort geschah es, dass plötzlich die Tür aufging und alle verstummten: Hereingetragen wurde auf einem riesigen Tablett, das zwei Kellner mühsam stemmten – ein ganzes, der Länge nach hingebreitet liegendes Lamm, dessen krustig gebratene Haut, über Stunden immer wieder mit Fett übergossen, rotbraun glänzte, und das aus stumpfen Augen auf die Gesellschaft schaute, die es gleich verzehren würde, ein Blick der Klage und Anklage wie von ewigen Zeiten her.

Dem Vorsitzenden der Gesellschaft, der mich am Vormittag ermunternd um die Schulter genommen hatte, war es vorbehalten – unterwiesen vom Koch, der unter Beifall eingetreten war –, das Tier zu zerlegen, und bevor er mit Messer und Schere zur Tat schritt, beugte er sich vorsichtig, als wolle er ihn tätscheln, über den Kopf des Tieres, näherte seine weichen Finger langsam dessen rechtem Auge, griff zu und drehte es sachte aus seiner Höhle heraus. Wir saßen in schierem Entsetzen, ich spürte, wie die Ausweglosigkeit wild in meiner Kehle pochte, und doch war das Schlimmste noch nicht ausgestanden: dass Professor Enes Čengić die höchste Ehre des Gastes mir erwies und das Auge vorsichtig auf meinen porzellanenen Teller legte. So viel war klar, das Auge, das mir gereicht wurde, würde ich verzehren, ich würde es zerkauen und hinunterschlucken müssen, da gab es kein Entrinnen, und der Verleger und der Wortlandstreicher, zu denen ich hilfesuchend schaute, betrachteten mich voller Mitgefühl; aber ihre bedauernde Miene bedeutete, dass es nicht weniger als meine Pflicht sei, für die kroatisch-österreichische Verständigung, den mitteleuropäischen Kulturaustausch, die Freundschaft unter allen Menschen guten Willens zu tun, was von mir erwartet wurde.

Nachdem ich so lange gezögert hatte, bis länger zu zögern

eine Verstimmung würde hervorgerufen haben, nahm ich endlich das Auge, das schwarze, glanzlos blickende Auge zwischen Zeigefinger und Daumen und führte es zum Mund, es war viel zu groß, um auf einen Sitz hinunterzurutschen, ich musste beißen, in eine glibberige Masse, die aber von fester Konsistenz war, wie ein schlabberiger Gummi; ich schob das Auge im Mund hin und her und blickte in die erwartungsvollen, aufmunternden Augen der Gelehrten, bis ich es zwischen die richtigen Zähne gebracht hatte, es wütend zermalmte und den bitteren Brei hinunterwürgte, worauf die Runde die Gläser hob, der Patron das Lamm zerlegte und sich alle gutgelaunt daranmachten, sich die Kreatur einzuverleiben, deren Auge zerbissen in meinem Magen lag und bis heute in meinem vegetativen Gedächtnis rumort.

2

Ein paar Jahre später stieß ich in einem Buch, das viele schauerliche Passagen hat, auf die Geschichte eines Sammlers, der in Zagreb seiner schauerlichen Leidenschaft frönte. Veröffentlicht hat sie 1944, kaum dass Italien befreit wurde, der italienische Schriftsteller, Reporter, Kriegsheld, Faschist, Antifaschist, Kommunist und Dandy Curzio Malaparte in seinem Kriegsbuch »Kaputt«. In Form eines Romans reiht er darin mit kalter Expressivität verfasste Reportagen aneinander, die von den Gräueln des Kriegs berichten, und mittendrin in dem grausamen Geschehen, das sich wie zwischen eigens für ein Theater des Schreckens aufgestellten Kulissen ereignet, ist immer er selbst zu finden, der Verfasser, der sich in seinem Buch als Haudegen und Humanist inszeniert. Der Sohn eines deutschen Ingenieurs und einer Italienerin hieß eigentlich Kurt Erich Suckert, zog aber schon mit sechzehn Jahren freiwillig

gegen die Deutschen und Österreicher in den Ersten Weltkrieg, ein überspannter wie genialischer Jüngling, der, ver-
wundet und hochdekoriert heimgekehrt, zu den Faschisten
der ersten Stunde gehören würde. Obwohl diese ihn mit Posten, Ruhm, Geld versahen, verzichtete er bald auf das alles und
kritisierte seine Kombattanten, die ihn darauf in die Verban-
nung schickten. Auf ewig wollten sie aber doch nicht auf seine
Dienste verzichten, sodass er bei Ausbruch des Zweiten Weltkriegs von ihnen mit allen Privilegien des literarischen Herren-
menschen ausgestattet und als Kriegsberichterstatter auf die
Schlachtfelder und in die Kommandozentralen der Feldherren
geschickt wurde. In halboffizieller Mission unterwegs, hat
Malaparte viele der Gewaltigen und Verbrecher des Krieges aus
der Nähe kennengelernt und freundschaftlichen Umgang mit
ihnen gepflegt.

Einer von ihnen war der Poglavnik Ante Pavelić, der Führer der kroatischen Ustasche, jener Mordgarden, die 1941 einen
kroatischen Staat von Hitlers Gnaden errichteten, in dem
sie sogleich auf die seit Menschengedenken mit ihnen lebenden Serben, Juden, Zigeuner Jagd machten und mit fanati-
scher Grausamkeit gerade die Kroaten massakrierten, die sich
ihrem nationalistischen Wahn entzogen. Malaparte schildert
in »Kaputt« eine Begegnung mit dem Poglavnik in dessen Residenz in der Oberstadt von Zagreb. Während Ante Pavelić dem
Reporter aus dem befreundeten Italien die Lage der Nation
und der Welt erklärte, fiel dessen Blick auf eine Schale, die auf
dem Schreibtisch des Führers stand. Es ist dämmerig im engen
Raum, der von der volltönenden Stimme des uniformierten
Poglavnik ausgefüllt wird, aber der Raum und die Stimme ziehen sich vor dem Besucher zurück, sie entrücken, bis dieser
nichts mehr wahrnimmt als diese Schale, die mit dunklen runden Früchten gefüllt ist, vielleicht mit Johannisbeeren oder
Trauben. Erst nach einer Weile erkennt er, dass die Schale, die

Pavelić manchmal ein wenig verrückt, um auf seinem Tisch eine besondere Ordnung der Dinge herzustellen, nicht mit Früchten gefüllt ist, sondern mit Augen, mit Augen, die den von den Ustasche zu Tode gefolterten Gefangenen ausgestochen und dem Poglavnik als Geschenk übersandt wurden.

Das Buch ging um die Welt, Malaparte, von Haus aus wohlhabend, wurde steinreich. In der letzten seiner jähen Kehren, mit denen er seine Verehrer zuverlässig vor den Kopf zu stoßen pflegte, wurde er, was ihm in seiner Sammlung politischer Überzeugungen noch gefehlt hatte, endlich Kommunist, sodass er, als er 1957 ans Sterben kam, zum Entsetzen der Freunde und Feinde sein gesamtes Vermögen der Volksrepublik China vermachte. Die Geschichte von der Sammelleidenschaft des Poglavnik, der nicht nur befiehlt, die Feinde, die wirklichen und die vermeintlichen, zu ermorden, sondern diesen die Augen auszustechen und ihm zu schicken, damit er sie in einer edlen Schale auf seinem Schreibtisch immer um sich habe, wurde zur Legende, die sich wie von selbst verbreitete. Schriftsteller haben sie weitergereicht, neu erzählt, anders ausgeschmückt, in Romanen, Erzählungen, selbst in ihren Lebenserinnerungen, die Legende taucht als grausiges Detail in Filmen auf und wurde sogar in historischen Studien übernommen.

Als verrate er einen läppischen Taschenspielertrick, hat Curzio Malaparte später zugegeben, die Sache mit den Augen erfunden zu haben, wobei »zugegeben« das falsche Wort ist, hat er es doch gar nicht als Anklage empfunden, gelogen zu haben, sondern vielmehr das Recht des Autors beansprucht, die Dinge mit jener Atmosphäre zu umgeben, in der sie die Leser ergreifen, und mittels der Augen sei es ihm eben gelungen, eine ganz andere Wirkung zu erreichen, als es ihm mit Johannisbeeren möglich gewesen wäre.

Der slowenische Schriftsteller Drago Jančar hat in seiner »Geschichte der Augen« aufgedeckt, was es mit Curzio Malaparte, dem gewendeten Faschisten, und seinen erfundenen Berichten aus den Kellern der Folterer, den Arbeitsräumen und Prunksälen der Macht auf sich hatte. Wie kann jemand auf die Idee verfallen, eine schwarze Legende wie jene in die Welt zu setzen, mit der Malaparte einen von ihm früher verehrten Verbrecher einer ruchlosen Leidenschaft zieh, die dieser gar nicht hegte? Wie man die Sache auch dreht und wendet, es fallen einem nur zwei Antworten ein: Entweder war dieser Schriftsteller so korrupt, dass er, um seine Vergangenheit zu verschleiern oder des bloßen Effektes wegen, jedwedes Ding schamlos verfälschte, wie es ihm beliebte; oder er war als Chronist einer schrecklichen Zeit selbst so verroht, dass ihn die schlimmsten Verbrechen nicht mehr erschütterten und er fürchtete, mit ihnen allein auch sein Publikum nicht mehr erschüttern zu können; deswegen begann er, nicht die vertuschten Verbrechen in ihrer monströsen Banalität aufzudecken, sondern originellere zu erfinden.

Der Mechanismus der Überbietung, von dem wir in der medialen Gesellschaft mit Verbrechen, Katastrophen, Unglücksfällen in Echtzeit und mittels Bildern aus intimer Nähe traktiert werden und traktiert zu werden begehren, muss immer drastischere Bilder ausstoßen und fortwährend neues Grauen finden oder erfinden. Malaparte hat dem bereits am Ende des Zweiten Weltkriegs seinen Tribut entrichtet und die Verbrechen der Ustascha makaber zu überbieten versucht, obwohl zu diesem Zeitpunkt noch nicht einmal jene, die sie tatsächlich verübt hatten, allgemein bekannt gewesen und geächtet worden wären.

3

Als ich zwölf Jahre nach meinem ersten Besuch wieder nach Zagreb kam, schaute mir der Staatspräsident aus der Auslage eines Geschäfts entgegen. Der Krieg, der die serbische Armee bis nahe vor Zagreb gebracht hatte, war noch nicht lange vorbei, und manche Einwohner, mit denen ich über ihn sprach, gerieten in Aufregung, wenn sie sich an die Sirenen erinnerten, die aufheulten, sobald sich ein feindlicher Flieger näherte. In der jugoslawischen Volksarmee waren die Marine und die Luftwaffe meist von kroatischen Generälen kommandiert worden. Im Sommer 1991 aber schlugen zwei Bomben im Präsidentenpalast ein, offenbar zielgenau abgeworfen, um den kroatischen Präsidenten Franjo Tudjman zu töten, der den Anschlag nur durch einen Zufall überlebte. Vier Jahre später schlugen Raketen im Nationaltheater ein, in dem gerade die Balletttänzer probten, in einem Altersheim und einer Kinderklinik, ein Angriff, bei dem sechs Menschen den Tod fanden. Kroatien war 1991 aus der Föderation der jugoslawischen Volksrepublik ausgetreten und hatte binnen weniger Wochen ein Drittel seines Staatsgebietes an die serbischen Truppen verloren; im erbitterten Gegenschlag wurde das verlorene Territorium ein paar Jahre später zurückgewonnen. Der Schrecken saß noch in den Leuten, aber in manchen von ihnen saß auch der Schrecken darüber, wie rasch sich ihre Stadt an den Ausnahmezustand gewöhnt hatte, der über sie eine Art permanenter Alarmbereitschaft verhängte. Der Krieg war siegreich zu Ende geführt, aber der Staat hatte ideologisch aufgerüstet und aus dem gesellschaftlichen ein nationales Leben geformt.

Die Stadt, die ich jetzt vorfand, war nicht mehr dieselbe. Auf der alten Karte, die ich bei mir hatte, war eine andere Stadt eingezeichnet als die, durch die ich jetzt zog. Der Trg žrtava fašizma im Südosten der Unterstadt, der mir damals solchen

Eindruck gemacht hatte, großzügig, wie er angelegt war, mit dem monumentalen runden Pavillon in seiner Mitte, dieser vom Verkehr umtoste und doch wie in spirituelle Ruhe getauchte Platz, der den Opfern des Faschismus gewidmet war, hieß jetzt Trg hrvatskih velikana, Platz der bedeutenden Kroaten. Auch die Straßen um ihn herum hatten andere Namen, sie waren nicht mehr nach Partisaninnen wie den von ihren eigenen Landsleuten hingerichteten Schwestern Baković benannt, sondern nach lauter berühmten patriotischen Männern.

In der Mitte des Trg hrvatskih velikana stand noch immer der weiße Pavillon, der einst die Mitte auf dem Platz der Opfer des Faschismus gebildet hatte; und gerade um den Trg Republike standen immer noch die Bauwerke, mit denen mich Zagreb vor zwölf Jahren, in jenem November einer anderen Ära, so überrascht und beeindruckt hatte: Aber auch dieser Platz war nicht mehr der alte, er hieß jetzt Trg bana Josipa Jelačića und war dem kroatischen Patriotismus selbst gewidmet, der Nation, die im Banus Josip Jelačić, dem siegreichen Feldherrn, weitsichtigen Staatsmann, leidenschaftlichen Freizeitdichter, ihren imposanten Repräsentanten gefunden hatte.

An der Gestalt des Josip Jelačić kann man ermessen, warum Europa über keine gemeinsame Erinnerung verfügt und sich die verschiedenen Nationen von der Vergangenheit und deren prägenden Gestalten Geschichten erzählen, die einander widersprechen. Den Kroaten gilt Jelačić als bedeutende historische Gestalt, hat er als gerade erst ernannter Banus 1848 doch die Leibeigenschaft abgeschafft; und im selben Jahr mit seinem im Auftrag der Habsburger geführten Feldzug gegen die aufständischen Ungarn die bürgerliche Revolution niederkartätscht. Was soll daran verdienstvoll sein? Aus ungarischer Sicht: nichts. Im Gegenteil, den Ungarn gilt Jelačić als Schlächter, der den Fortschritt selbst in Blut ersäuft hat. Was aber hatten die Aufständischen von Budapest außer Pressefreiheit, Aufhebung der Zensur, Wahlrecht für vermögende Bürger, Industrialisierung noch im Sinne? Innerhalb des habsburgischen Reiches wollten sie ihre Herrschaft modernisieren und ihre im Laufe der Zeit angehäuften Länder dem ungarischen Nationalismus unterwerfen, sodass auch in Kroatien geschehen wäre, was in der Slowakei und in Siebenbürgen bereits vollzogen war, die Magyarisierung weiter Kreise der Bevölkerung, sei es durch staatlichen Zwang oder über die Lockungen der Assimilation. Die Kroaten, eine der kleinen Nationen Europas, deren Existenz in ihrer Geschichte oftmals bedroht und nie für immer gesichert war, mussten die ungarische Revolution als existentielle Bedrohung ihrer nationalen Identität verstehen, und darum gilt ihnen Jelačić, der anfangs als österreichischer Offizier nicht viel mehr als seinen Stand verteidigen wollte, bis heute als Retter der Nation.

Jetzt thronte der Mann, der Abertausende niederschießen ließ und, wenn der Kriegslärm für kurze Frist ruhte, unbeholfene Liebesgedichte schrieb, auf seinem das rechte Vorderbein hebenden Schlachtross auf dem Platz, der zwei Generationen lang Trg Republike geheißen hatte. Schon im 19. Jahrhundert war er an dieser Stelle auf sein Ross gesetzt worden, drei, vier Meter über den Leuten, und er hatte einigen Generationen von Zagrebern dabei zugesehen, wie sie sich auf dem zuerst nach ihm, dann nach der Republik, dann wieder nach ihm benannten Platz trafen. Sein Denkmal hatte im 19. Jahrhundert Anton Dominik Fernkorn geschaffen, ein österreichischer Bildhauer, der mehr noch als auf die Helden auf deren Pferde spezialisiert war und im Laufe seines erfolgreichen Künstlerlebens Hunderte pralle Pferdeärsche in Erz, Metall, Kupfer gegossen und über alle Kronländer der Monarchie verschickt hat. Als das Denkmal aufgestellt wurde, hielt der erzerne Jelačić in der gestreckten Rechten einen Säbel, mit dem er entschlossen gegen Budapest wies. So saß und drohte er, bis ihn 1947 die Kommunisten von seinem Monument holten, in Scheiben schnitten und samt seinem Ross in ein Depot verräumten. Dort wurden alle Teile sorgsam nummeriert, als ahnten die neuen Herren, dass auch ihre Herrschaft nicht für ewige Zeiten geschaffen war, sondern nach ihnen wieder andere kommen würden, die sich im Helden von vorgestern erkennen, ihn zusammensetzen und auf seinen Platz im Herzen der Stadt stellen werden.

1986, als ich das erste Mal über ihn schaute, in jenem Spätherbst des Kommunismus, war der Platz der Republik von allen Denkmälern verwaist gewesen. 1991 aber zerfiel Jugoslawien, Kroatien wurde unabhängig, und der erste Staatspräsident Franjo Tudjman ließ landesweit die Straßen und Plätze umbenennen, alte Denkmäler abreißen und neue, darunter uralte, aufstellen. Zagreb war nicht nur das Vergessen verordnet worden, das Vergessen, dass hier ein genuin kroatischer Faschismus gewütet hatte und so viele Frauen und Männer ihren Widerstand mit dem Leben bezahlen mussten, sondern auch das Erinnern, das Erinnern an Gestalten, die zuvor gebannt, vergessen, aus dem Gedächtnis der Nation getilgt waren. So kehrte der Banus auf seinen Platz zurück, wobei er und sein Pferd leicht gedreht wurden, sodass Jelačić, als gälte es jeden Augenblick loszusprengen, mit dem Säbel nicht gegen Budapest, sondern gegen Belgrad wies. Nationalisten können sich ja immer erst auf die Vergangenheit ihrer Nation berufen, wenn sie diese vorher gründlich verfälscht haben. Denn Jelačić war keineswegs der stiere Nationalist, der jetzt auf seinem Ross wirkte, als würde er am liebsten sofort in den Krieg gegen die Serben reiten. Seine Liebesgedichte schrieb der Kroate aller Kroaten auf Deutsch, und ins Kroatische, in dem er gar nicht in der Lage war, seinen innigsten Gefühlen lyrischen Ausdruck zu verleihen, ließ er sie von einem befreundeten Aromunen übersetzen, einem gelehrten Angehörigen jener romanischen Minderheit, die inmitten anderer Nationalitäten verstreut über den ganzen

Balkan lebte und es niemals anstrebte, sich in einem Nationalstaat zu vereinen.

Davon wusste Franjo Tudjman wahrscheinlich nichts, oder
er hatte es vergessen, oder er wollte, gerade weil er es wusste
und nicht vergessen hatte, dass die Kroaten es vergäßen. Er
hat ja selbst vieles vergessen, oder er hat sich Mühe gegeben,
es vergessen zu machen: dass er selbst so lange General nicht
in der kroatischen Armee, sondern der jugoslawischen Volksarmee war, dass er in Belgrad gelebt hatte, wo sein Sohn auf
die Welt kam, dass seine Tochter mit einem Serben verheiratet war und seine Enkel also jene jugoslawische Mischung ver-
körperten, die für die Nationalisten da wie dort eine Sünde
wider das heilige Blut der Nation darstellte. Und so musste
auch der Feldherr so aufgestellt werden, dass er dem verfluch-
ten Belgrad drohte, dem Jelačić zeitlebens nie gedroht hatte,
und darum ließ Tudjman Abertausende Tafeln im ganzen Land
abnehmen und neue aufstellen, denn die Nation sollte vergessen, was sie war, und vollständig mit dem durchdrungen werden, was sie nach dem Wunsch des Präsidenten, der Zwangs-
vorstellung seiner Anhänger erst werden musste. Kroatien hat
seine nationale Souveränität mit bleiernen Jahren bezahlt, in
denen der Nationalismus alles in seinen Beschlag nahm, den
Staat okkupierte und die Gesellschaft gleichförmig zuzuschlei-
fen versuchte. In einem Akt fortgesetzter Überbietung wurden
jeden Tag noch mehr Fotos und Porträts des Präsidenten auf-
gehängt – in den teuren Restaurants und den Kaschemmen der
Säufer, in den Ämtern, den Lebensmittel- und den Textilge-
schäften, das Konterfei des Präsidenten fand sich in den Läden
von Elektrikern, Schustern, Bäckern, den Büros der IT-Inge-
nieure und Werbeleute, an den Wänden von Reisebüros zwischen den Ansichten von Traumstränden und hoch über den
Mustersärgen der Bestattungsunternehmen.

Auf der Zvonimirova, einer langen, lauten, in der Mitte von

Straßenbahnschienen geteilten Straße – es wuchs grünes Gras zwischen den rostigen Schienen heraus –, sah ich an einem sommerlichen Tag des Jahres 1998 kichernd drei schlaksige Mädchen vor der Auslage eines Geschäfts stehen. Wahrscheinlich waren sie Gymnasiastinnen der Oberstufe, sie schubsten und umarmten einander und hielten, nach Art von Mädchen ihres Alters, beim Kichern eine Hand vor den Mund. Ihre Ausgelassenheit machte sie mir sympathisch, und neugierig geworden, was der Anlass ihrer Belustigung war, blieb ich stehen und schaute in die Auslage, gerade als eine blaugelbe Straßenbahn donnernd vorbeirumpelte. Und da sah ich sie: den Präsidenten auf seinem offiziellen, hunderttausendfach verbreiteten Foto, das ihn mit zusammengekniffenen Lippen zeigt, wie er seine eigenartig farblosen wässrigen Augen durch randlose Brillen in die nationale Zukunft richtet – und die silbernen Wasserrohre, die weißen Waschmuscheln, die schwarzen und lindgrünen Klobrillen, mit denen ein Installateur die Kundschaft auf sein Metier und seine Waren aufmerksam machen wollte.

Ich hatte keine Ahnung, ob der Installateur ein Saboteur der nationalen Sache oder ein Dummkopf war, spürte aber sofort, dass ich wieder, wie schon bei meinem ersten Besuch in Zagreb, rechtzeitig gekommen war, um das Ende einer Ära zu erleben: Die Mädchen, in der Blüte ihrer Frechheit, und das nationale Pathos, sie passten nicht zusammen, und es war augenscheinlich, dass dieser Präsident, auch wenn seine Bilder nicht gleich im Depot der abgehalfterten Despoten verschwinden würden, seinen Nimbus bereits einzubüßen begonnen hatte. Bald würden Zagreb und ganz Kroatien sich aus dem Bann seiner nationalen Religion mit ihren starren Dogmen, schwülstigen Zeremonien, anmaßenden Glaubenswächtern befreien, um es den kecken Gymnasiastinnen gleichzutun, die ausgelassen weitergezogen waren und den entschlossen zwischen Rohren, Dichtungsringen, Kloschüsseln herausblickenden Präsidenten zurückgelassen hatten.

4

Ina Ehrlich wurde 1899 in Zagreb als jüngstes von sechs Geschwistern geboren. Die kunstsinnigen Eltern, assimilierte Juden, unterhielten sich wie viele Bürger der Stadt je nach Anlass oder Laune bald auf Deutsch, bald auf Kroatisch und selbst mit den Kindern im eigenen Haus nicht exklusiv in dieser oder jener Sprache. Ina wollte Pianistin werden, schloss das Konservatorium ab, zog es dann aber vor, als erste Frau in Kroatien eine gymnastische Praxis zu eröffnen und für Frauen und Kinder in seelischer Not heiltherapeutische Turnübungen zu entwickeln. Sie zog mit dem Publizisten Miroslav Jun zusammen, da hatte sie, die Großbürgerstochter, die in Zagreb für ihre elegante Erscheinung berühmt war, sich schon mit politischen Aufrührern, polizeibekannten Künstlern und Berufsrevolutionären wie Manès Sperber angefreundet, der ein enger Freund ihrer Schwester Vera war und in den dreißiger Jahren mehrfach als Funktionär der Komintern nach Zagreb reiste.

Im Frühjahr 1941 überfiel die Wehrmacht das jugoslawische Königreich, am 6. April wurde Zagreb besetzt, vier Tage später der »Unabhängige Staat Kroatien« ausgerufen. Sofort begannen die Ustasche damit, worauf sie all die Jahre gewartet hatten: Endlich konnten sie darangehen, wehrlose Bürger aus ihren Häusern zu holen und zu den nahen Erschießungsstätten zu prügeln, weil sie Serben oder Juden waren, ganze Dörfer zu entvölkern, weil sie von Zigeunern bewohnt wurden, und in Jasenovac ein Konzentrationslager zu errichten, in dem sie in den nächsten Jahren an die 100 000 Menschen ermordeten.

Wurde der Holocaust von den Nationalsozialisten mit industrieller Methodik durchgeführt, verübten die Ustasche den Völkermord in Kroatien gewissermaßen mit nationaler Handarbeit, indem sie ihre Opfer erschlugen, erstachen, erdrosselten.

Ina und Miroslav, seit Jahren ein Paar ohne Trauschein, beschließen trotzig, gerade jetzt zu heiraten, da sie beide nach den von den Nationalsozialisten übernommenen Rassegesetzen in Kroatien für vogelfrei galten. Inas einziger Sohn Ariel wird zu den Ersten zählen, die die Gardisten holten und nach Jasenovac deportierten, einige Wochen nach ihm wurde auch Miroslav abgeführt und ins Todeslager verfrachtet. Ina Jun, wie sie sich jetzt nennt, gelingt es, sich aus Zagreb abzusetzen und zu den Partisanen nach Dalmatien durchzuschlagen. Sie arbeitet bei ihnen als Sanitäterin, erfährt vom Tod des Sohnes und des Ehemanns, die beide in Jasenovac ermordet werden – und beginnt auf Deutsch Gedichte zu schreiben, in denen sie ihre ausweglose Lage, ja, besingt:

»Ich sollte längst schon tot sein …
Mein Blut belagern Schwärme von Mikroben,
Auf meine Augen haben Raben Anrecht,
Auf meinen Hals die Galgen von Europa –
Auf meine Kleider und auf meine Schuhe
Der deutsche Großverschleiß von Majdanek.
Mein Heim, mein Bett, Gerät und Tisch und Kasten
Hat angefordert längst der Hausbesorger.«

Es sind herzergreifende, formstrenge Sonette und Oden, die der Barbarei auf ihre Weise zu trotzen versuchen, gerade indem sie auf der klassischen Form, dem hohen Ton, der erhabenen Sprache beharren. Sie werden 1950 unter dem Titel »Der Dichter in der Barbarei« in Buchform erscheinen, da lebte Ina Jun bereits in Wien. Als der Krieg endlich zu Ende war, konnte sie ihre Familie in Zagreb nicht mehr finden, sie war ausgelöscht, und als sie den österreichischen Chemiker Engelbert Broda kennenlernte, folgte sie ihm nach Wien.

Wahrscheinlich hat niemand im 20. Jahrhundert so viel, kenntnisreich und entdeckerisch aus dem Kroatischen ins Deutsche übersetzt wie Ina Jun-Broda. Sie ist es, die Miroslav Krleža, ihren Zagreber Freund, als Erste im deutschen Sprachraum bekanntzumachen versuchte, sie war es, die Lyrik und Prosa von den ersten Epochen kroatischer Dichtung bis zur Gegenwart ins Deutsche übertrug. Über Jahrzehnte versuchte sie Literatur auch in die Gegenrichtung auf den Weg zu bringen und österreichische und deutsche Literatur an jugoslawische Verlage zu vermitteln. Offenbar hielt sie, die in Zagreb vollkommen zweisprachig aufgewachsen war, das Deutsche für ihre erste, ihre Muttersprache, übersetzte sie doch viel mehr Bücher aus dem Kroatischen – und Serbischen, Mazedonischen, Italienischen – ins Deutsche als umgekehrt, wie sie ihre eigenen Gedichte ja auch in einem von Tonfall und Wortschatz unverkennbar altösterreichisch gefärbten Deutsch verfasste.

Fast vierzig Jahre, die Hälfte ihres Lebens, verbrachte sie in Wien, wo sie täglich gegen die Verzweiflung und das immer stärkere Gefühl der Vergeblichkeit anzukämpfen hatte. Den Kommunisten, denen sie sich anfangs verbunden fühlte, war sie nicht geheuer, hielt sie es doch mit den jugoslawischen Sozialisten, über denen der Bannstrahl Stalins und der nachfolgenden sowjetischen Parteiführer lag. Befreundet war sie mit Einzelkämpfern zwischen den Fronten wie dem unbeirrbar idealistischen Weltenfreund Franz Theodor Csokor, der mitten im Kalten Krieg zwischen Katholiken und Kommunisten vermitteln wollte, hier Freunde und dort Freunde hatte und in Wahrheit von beiden nicht ganz ernst genommen wurde. Csokor war einst vor den Nationalsozialisten auf die Insel

Korčula geflüchtet, wo eine Handvoll österreichischer Exilanten, von den dalmatinischen Inselbewohnern geschützt, die Jahre des Faschismus überlebten. In seinem großen, längst vergessenen Buch der Zeugenschaft, »Als Zivilist im Balkankrieg«, berichtete er auch davon, was in Zagreb in jenen Monaten geschah, als Inas Mann und Sohn mit Abertausenden anderen verschwanden. Er schildert den Raubzug der Ustasche, die die Wohnungen des alten kosmopolitischen Bürgertums ausräumten und ihre Opfer am helllichten Tag durch die Straßen der Stadt trieben. Als Polizeichef von Zagreb amtierte damals Eugen Dido Kvaternik, ein verkommener Spross der Zagreber Oberschicht, der an der Universität gescheitert war, sich dafür als wilder Straßenschläger bewährt hatte und mit dreißig Jahren zum Herrn über alle Konzentrationslager Kroatiens bestellt wurde. Die Leidenschaft, mit der er die Juden verfolgte, als handle es sich bei ihrer Vernichtung um eine persönliche Herzensangelegenheit, erklärt Csokor damit, dass Kvaterniks Mutter Halbjüdin war, ein Makel der Familie, den der Sohn mit dem Blut von Abertausenden Juden von sich abzuwaschen versuchte.

Ina Jun-Broda, deren Sohn und Mann in Kvaterniks Lager ermordet wurden, blieb in Wien. Jedes Jahr aber fuhr sie nach Zagreb, und zeitlebens versuchte sie beide Städte, die Dichter, die Menschen beider Städte füreinander zu interessieren. Am Ende wurden ihre Artikel und Übersetzungen nur mehr im *Wiener Tagebuch*, dem intellektuellen Zentralorgan der von ihrer Partei abgefallenen Kommunisten, und von der *Furche*, einer Wochenzeitung für die in ihrer Kirche unglücklich gewordenen Katholiken, veröffentlicht. Im Alter musste sie erkennen, dass ihre Bemühungen um die kroatische, die jugoslawische Literatur ins Leere gefallen waren, sie wollte Mittlerin sein in einer Zeit, in der am Austausch über die sprachlichen, geistigen, politischen Grenzen kein Interesse bestand, Botin zwischen zwei Europa, die nichts voneinander wussten, nichts voneinander wissen wollten.

5

Ich weiß nicht, warum es vierzehn Jahre dauerte, bis ich mich wieder nach Zagreb aufmachte. Es war im Mai 2012, dass ich zu einem Kongress eingeladen wurde und die Gelegenheit nutzte, ein paar Tage früher anzureisen und ein paar länger zu bleiben, um mir die Stadt endlich gewissenhaft zu ergehen. Als ich nach einer Nacht im überfüllten Zug ankam, bestieg ich am Bahnhof ein Taxi, obwohl ich wusste, dass sich das Hotel nicht weit entfernt, eigentlich nur hinter den drei kleinen zusammenhängenden Parks befinden musste, die sich längs vor dem Bahnhof erstreckten. Der Taxifahrer ahnte in mir den globalisierten Weltbürger, erzählte mir gleich, dass er aus Pforzheim in Germany stamme, und fragte, was mich nach Zagreb führe: Business or tourism? Ich gab der Einfachheit halber gleich auf Englisch zu, an einem Kongress teilzunehmen.
– What a congress for?
– For subversive culture.
– For what culture?
– The name of the congress is: Subversive Festival.
– Ah, business!
Auf dem interessanten Umweg, den er mit seinem Wagen einschlug, unterrichtete er mich über seine Familiengeschichte, deren für ihn bittere Wendung darin bestand, dass seine Eltern, als Gastarbeiter nach Deutschland gekommen, ihren Lebensabend in Pforzheim verbringen wollten, während er, in Pforzheim aufgewachsen, seinen Lebensunterhalt in Zagreb bestreiten musste; und dass ihm seine Eltern daher als Großeltern fehlten, weil sie nicht in Pforzheim auf die drei Kinder

in Zagreb aufpassen konnten, die er mit seiner ebenfalls berufstätigen Frau hatte.

Das Zimmer im Hotel war noch nicht hergerichtet, sodass ich den Park gegenüber aufsuchte, in dem zwischen hohen, alten Platanen mit silbernen Stämmen gerade ein wunderbarer Vormittag aufging. Die Parkanlage Zrinjevac hatte ihren Namen vom Banus Nikola Zrinski, der im 16. Jahrhundert gegen die Osmanen kämpfte, sie ist aber erst im 19. Jahrhundert auf dem Gelände eines alten Viehmarkts errichtet worden. Jetzt hielten sich dort fast nur Mütter mit ihren kleinen Kindern auf und ältere Herrschaften, Männer, die beisammensaßen und einander von den Jahren in Pforzheim oder Göteborg erzählten, und Frauen, den Gehstock in der einen, die Zigarette in der anderen Hand, die von einer Bank zur nächsten wanderten, um zu sitzen, wo die Sonnenstrahlen durch die Zweige der Bäume fielen.

Ich nahm auf einer Bank Platz, von der ich auf den Springbrunnen mit seinen glitzernden Wasserfontänen und den Musikpavillon aus Holz schauen konnte. Kurz nach mir hatte sich ächzend ein alter Mann auf der Bank niedergelassen, ein Koloss, dessen Körper nach allen Seiten hin aus der Kleidung zu quellen schien, und der mich mit einer Angewohnheit rührte, mit der er in fernen Kindertagen schon seinen Eltern, Lehrern, Mitschülern auf die Nerven gefallen sein wird: ein weiches, waberndes Ungetüm, wippte er nämlich unablässig mit seinem rechten Bein, wie ein Schulbub, der das Ende der Stunde nicht ruhig sitzend erwarten kann. Nach einiger Zeit kamen wir miteinander ins Gespräch. Der fleischige Greis hatte nicht nur das unruhige Bein, sondern auch die redselige Freundlichkeit eines Kindes und sprach, von mir mit ein paar Fragen dazu ermuntert, unentwegt auf mich ein. Die Geschichte der ganzen Welt wollte er mir darlegen, oder wenigstens die dieses Platzes, an dessen einem Ende eine meteorologische Säule stand, die einst zu Ehren des Kaisers Franz Joseph errichtet wurde und um die jetzt lärmend die Kinder liefen; nach der gegenüberliegenden Seite wies mein Gefährte auf die Büsten, die dort in einem Halbkreis postiert waren, und er gab nicht auf, bis ich aufgestanden, sie mir aus der Nähe angesehen und wieder zurückgekehrt war, um von ihm darüber belehrt zu werden, was es mit den sieben grimmigen Männern und ihren Verdiensten für das Vaterland auf sich hatte. Noch während er mich aufklärte, vergaß ich die Namen der bedeutenden Geister, von denen er schwärmte, nur was ich von einem gehört hatte, gab mir zu denken, sodass ich ihn mir merkte.

Die Büste zeigte einen jungen Mann mit langem Haar, einem Schnurrbart, der tief über Backen und Kinn herunterhing, und weit geöffneten Augen, die mit steinweißer Gleichmut in die Welt schauten. Fran Krsto Frankopan, erfuhr ich jetzt, war ein hochadeliger Gutsherr und lateinischer Dichter gewesen, der sich im 17. Jahrhundert mit anderen Aristokraten gegen die Habsburger verschworen hatte, von diesen zu Verhandlungen nach Wiener Neustadt eingeladen und auf Geheiß von Kaiser Leopold I. dort festgenommen und geköpft wurde. Als mein Gesprächspartner an diesem Punkt angekommen war, warf ich, wie um eine österreichische Schuld abzutragen, beflissen ein, dass die Habsburger eben für ihre List und Tücke berüchtigt gewesen wären, selbst jener Leopold, der Leute aufknüpfen ließ, denen er freies Geleit zugesichert hatte, und der zugleich ein wahrhaftiger Künstler war, ein Komponist, dessen Meisterwerk eine ergreifende Begräbnismesse ist. Das verneinte der Greis jedoch, und dabei wippte er mechanisch auf den Zehenballen mit dem rechten Bein, nein, das Merkwürdige sei doch, dass die Zagreber Bürger von den Habsburgern nicht abgehalten wurden, als sie einem ihrer meuchlings ermordeten Todfeinde im populärsten Park der Stadt ein Ehrenmal errichten wollten.

Dem munteren Greis entströmte ein unerschöpfliches Wissen, das aufzunehmen mich erschöpfte, und so war ich froh, dass ich ihm nach einer Stunde ins Hotel entrann. Und doch habe ich alle Tage, die ich in den Park ging, Ausschau gehalten, ob ich ihn nicht wiederträfe, um mich von ihm über die Verhängnisse der Geschichte und den kroatischen und österreichischen Anteil daran belehren zu lassen.

6

Es ist verlockend, sich in fremden Städten auf die eigene Spur früherer Besuche zu setzen. Man ist verführt, den Wegen von einst nachzuspüren, dem Anderen, der man war, und die Stadt als Bühne zu nehmen, auf der man sich selbst wiederentdecken könnte. Aber auch die Stadt ist anders geworden, und man muss sich davor hüten, alles, was neu ist an ihr, nur als Störung wahrzunehmen, die den Fluss der Erinnerungen behindert. So erging es mir, als ich in den nächsten Tagen durch Zagreb zog, stets gefährdet, mir an einer Kreuzung selbst in die Quere zu kommen und nur Augen für das zu haben, was ich schon kannte und wiederzusehen mich an früher erinnerte. Der Platz, der einst den Opfern des Faschismus und dann den bedeutenden Kroaten gewidmet war, hieß jetzt, mehr als zehn Jahre nach dem Tod Franjo Tudjmans, wieder Trg žrtava fašizma, der Platz der bedeutenden Männer hingegen war gute hundert Meter weitergerutscht und hatte dem Platz der Börse seinen geschäftskalten Namen weggenommen und durch seinen patriotischen ersetzt. Die inneren Bezirke der Stadt waren dabei, nach und nach in besseren Stand gesetzt zu werden, und einzelne Straßenzüge, die mir das letzte Mal heruntergekommen erschienen, drohten dabei gleich von der architektonischen Konfektionsware der Handelsketten verunstaltet zu werden.

Einmal kam ich, ohne es beabsichtigt zu haben, bei der Uspinjača vorbei, der Drahtseilbahn, die von der langgezogenen Ilica in die Oberstadt führt, ich stieg ein und fuhr mit jungen Frauen, die in ihre Kinderwagen strahlten, und alten Frauen, die sich auf ihre Einkaufswägelchen stützten, die dreißig, vierzig Meter hinauf. Vor dem Wehrturm beim Ausgang der Seilbahn stand ein älterer Mann in der ausgebeulten Uniform des kroatischen Soldaten und spielte auf einer Elektrogitarre schmalzige Volkslieder; zehn Meter weiter lächelte ein von Kopf bis Fuß in weiß-rote Tracht gekleidetes Mädchen die Vorbeigehenden an, es tat nichts, außer den aufgespannten Sonnenschirm zu drehen, tapfer zu lächeln und darauf zu warten, dass es für Drehen, Lächeln, Warten mit ein paar Münzen in den Korb bedankt werde, der vor ihm auf dem Boden lag. Die folkloristische Prostitution hatte etwas Rührendes, die beiden wollten keine Bettler sein, sondern in der neuen Zeit der alten noch ihr kleines Auskommen abgewinnen, indem sie das Heimatliche zur Inszenierung überboten, sich in Tracht warfen, elektronisch verstärkte Heimatmusik spielten und dabei zuversichtlich lächelten.

Auf der Strossmayer-Promenade, die von Kastanienbäumen gesäumt wird, mit bequemen Bänken möbliert ist und so etwas wie die romantische Anmutung des alten Agram konserviert, hielt ich inne, um auf die Unterstadt mit ihren roten Dächern zu schauen. In dem kleinen Verlag, den mein Vater nach dem Zweiten Weltkrieg einige Jahre leitete, war auch ein Büchlein erschienen, das ich später meiner eigenen Bibliothek eingliederte, aber erst jetzt, in der Vorbereitung auf diese Reise, zum ersten Mal durchgeblättert hatte. Es hieß »Bischof Strossmayer, der große Kirchenmann« und war von Anton Zollitsch verfasst worden, einem kroatischen Geistlichen der Pfarre St. Elisabeth in der gleichnamigen Salzburger Vorstadt, der ein paarmal bei uns zu Besuch war. Aus der Kindheit ersteht er vor mir als rothaariger Mann, der selbst im Habit weniger an einen Pfarrer als einen Athleten erinnerte und gleichwohl noch jung an Jahren an einer Herzkrankheit starb.

Zollitsch hatte in dieser Broschüre, seiner einzigen Veröffentlichung, Josip Juraj Strossmayer als Menschen gezeichnet, der in allem groß war: hoch an Wuchs, ein Mann des geschliffenen Wortes, der in sechs Sprachen Briefe schrieb, mit englischen Gelehrten und russischen Diplomaten korrespondierte, dabei ein wilder Reiter, ausdauernder Jäger und begeisterter Kartenspieler war. Seine Familie stammte ursprünglich aus Linz, schon mit 34 Jahren wurde er Erzbischof von Djakovo, einer Diözese in Slawonien, nordöstlich von Zagreb. Er hat 1866 die kroatische Akademie der Wissenschaften und Künste gegründet, deren Gebäude noch immer am Zrinjevac steht, und gilt für das geistige Kroatien, was der Banus Jelačić für das politische war, als Vater der Nation. Auf das Kroatentum war er jedoch eher zufällig gekommen, wäre er statt in Djakovo in Bilbao zum Bischof berufen worden, er hätte gewiss die baskische Nationalbewegung gegründet. Denn er träumte nicht nur den Traum von der Wiederherstellung der Einheit im Christentum, das in Orthodoxie, Protestantismus, Katholizismus zerfallen war, sondern setzte dabei, das war das Merkwürdige daran, auf die Würde der vielen Nationen, die die frohe Botschaft in ihren Sprachen empfangen sollten. Er wurde gewissermaßen zum Kroaten, weil es eben Kroatien war, wohin ihn das Schicksal in Gestalt vatikanischer Ränke geschickt hatte, und so machte er sich daran, dem kroatischen Geistesleben seinen Stempel aufzudrücken. Allerdings hielt er es mit der Nation, weil ihm das große Reich der vielen christlichen Nationen vorschwebte, und darum kämpfte kein katholischer Geistlicher des 19. Jahrhunderts so unermüdlich wie er darum, die Kroaten mit den orthodoxen Serben auszusöhnen und darüber hinaus auf ein Bündnis mit dem christlichen Zaren von

Russland hinzuwirken. Der Vater der Kroaten war der seltene und seltsame Fall eines katholischen Panslawisten, der um das Verhängnis nationalreligiösen Überschwangs wusste.

Als ich die nach diesem Mann benannte Promenade, einen der schönsten Wege der Stadt, hinunterging, stieß ich an einer Mauer auf den großen, mit wütender Hand verfertigten Schriftzug: Ne ćirilici u Vukuvaru! Kein Cyrillisch in Vukovar! Die kroatische Stadt in Slawonien war im jugoslawischen Zerfallskrieg von serbischen Einheiten monatelang eingekesselt und beschossen worden, das Massaker, das Freischärler nach der Einnahme Vukovars an den Patienten des kommunalen Krankenhauses verübten, zählt zu den schlimmsten Verbrechen dieses an schlimmen Verbrechen so reichen Krieges. Im Gegenschlag hat die kroatische Armee drei Jahre später Abertausende Serben aus der Krajna und Slawonien vertrieben, deren Vorfahren schon seit Menschengedenken dort gelebt hatten. Die Drohung auf der Mauer galt den wenigen, die inzwischen zurückgekehrt waren: Niemals wieder wird in Kroatien irgendwo die cyrillische Schrift, das serbische Alphabet geduldet werden! Ich schritt in die Stadt hinunter, und es wuchs in mir wieder einmal der bittere Zorn darüber, wie wenig gerade die Nationalisten von der Geschichte ihrer Nationen wussten.

7

Da es mit Jugoslawien zu Ende gegangen war und Kroatien dem Beitritt zur Europäischen Union zustrebte, hieß das traditionsreiche Kino Jugoslavija neuerdings Kino Europa. Es war ein weitläufiges, angenehm schlampig eingerichtetes Gebäude, in dem sich viele junge Leute drängten, um sich über das Subversive der Kultur zu unterrichten. Vor dem Nationalen der Kultur hatten sie längst Rcißaus genommen, die Veranstaltungen, die hier über einige Tage abgehalten wurden, Diskussionen, Filmvorführungen, galten neuen amerikanischen und israelischen Filmen, serbischen und kanadischen Philosophen, der Zerstörung der griechischen Gesellschaft, den sozialen und politischen Entwicklungen in der Europäischen Union. Mir fielen die Gymnasiastinnen ein, die vor vierzehn Jahren so ausgelassen über den Präsidenten gelacht hatten, dessen nationaler Sendung zwischen Wasserrohren und Toilettenbrillen gehuldigt wurde, und ich stellte mir vor, dass sie womöglich irgendwo im Publikum saßen und zu diesen Leuten gehörten, die fröhlich und scharf zugleich über das Subversive in Kunst und Politik debattierten.

Bald begriff ich, dass ich hier nicht mithalten konnte, wiewohl ich mir bei der Diskussion, für die ich engagiert worden war, auf dem Podium wacker Mühe gab. Aber die Konferenzsprache war Englisch, in dem ich mich geradezu rätselhaft unbeholfen bewege und das all die Dichter, Philosophen, Soziologen des Balkans, die hier zusammentrafen, viel besser sprachen als ich, dem das Englische nur zu lachhaft simplen Akten der Kommunikation taugt, nicht aber zu dem vertrauensvollen Spielen mit der Sprache, das allein mich befähigt, meine Gedanken zu entwickeln oder besser: zu meinen Gedanken überhaupt erst zu gelangen. Nur im Deutschen mit seinem Gleichklang von Worten und den Gegensätzen von dem, was sie bedeuten, gelingt es mir, im Sprechen über das hinauszugelangen, was ich mir vorher in Gedanken zurechtgelegt habe …

Der Kongress war das Kind junger Zagreber Intellektueller, von denen ich zuvor nur Srećko Horvat kannte, der noch nicht einmal dreißig war, schon sechs Bücher geschrieben hatte und dennoch nicht als frühreifes Genie auftrat, sondern als nachdenklicher, in aller kritischen Schärfe stets zuversichtlich argumentierender Mensch. Beredt in mehreren Sprachen, warnte er seine Landsleute davor, sich der Europäischen Union gewissermaßen als Volk eilfertiger Dienstboten zu ergeben, jedweden Fortschritt allein von der Macht der europäischen Ökonomie zu erwarten und bereitwillig die Verwüstungen in Kauf zu nehmen, die die Union dem Beitrittskandidaten Kroatien sozialpolitisch verordnete. Zagreb war in den sechziger Jahren des 20. Jahrhunderts eine Weltzentrale der häretischen Marxisten gewesen, die wider das in Bürokratie erstarrte System des Titoismus aufbegehrten und um das Modell einer sozialen Selbstverwaltung der Gesellschaft rangen. Die jungen Leute auf dem Kongress waren ihre Enkel, freie Geister, die weder nostalgischer Verklärung des untergegangenen Kommunismus noch der neoliberalen Zurüstung ihres Landes den Tribut zollen wollten. Ich sprach von den zwei Europa, die es immer noch auf diesem Kontinent, ja, sogar innerhalb der Union selber gebe, und es stellte sich heraus, dass die meisten auf dem Podium und im Saale überzeugt waren, dass die Teilung nicht mehr den Osten vom Westen trennte, sondern die Europäische Union gerade dabei war, in einen Norden und einen Süden zu zerfallen, einen Norden, der von Frankreich bis nach Litauen, und einen Süden, der von Portugal nach Bulgarien reichte.

Als die Debatte bei der Frage der Macht und ihrer Repräsentation angelangt war, rettete ich mich, sprachlich und darum auch gedanklich bereits ermüdet, in eine meiner habsburgischen Lieblingsanekdoten und erzählte vom Prinzip der österreichischen Kaiser, gerade durch ihre Abwesenheit allgegenwärtig zu sein. In jedem Theater des riesigen Reiches, von Galizien bis Dalmatien, von Meran bis Krakau, gab es die Kaiserloge, eine für den Besuch des Kaisers reservierte Loge, die immerzu leer blieb, weil der Kaiser nie kam. Gerade indem er nie kam, war er jedoch in der sichtbaren Leere der Loge immerfort anwesend. Hermann Broch hat luzide über diesen Sachverhalt geschrieben, doch als ich davon erzählte, begann es im Publikum zu glucksen. Endlich stand ein Zagreber Besucher des

Symposiums auf und klärte mich und die anderen, die nicht aus Zagreb stammten, darüber auf, dass es drüben, keine zweihundert Meter entfernt, im Nationaltheater etwas Ähnliches gebe. Ich war schon öfter in einem Café nahe dem Theater gesessen, das natürlich ein Werk der Wiener Architekten Helmer und Fellner war, die in der zweiten Hälfte des 19. Jahrhunderts als Monopolisten auf Theaterbauten das einmal entwickelte, jeweils nur mehr an lokale Gegebenheiten angepasste Modell überall in Europa hinstellten. Die Zagreber Variante, erfuhren wir, hatte nicht nur die obligatorische Kaiserloge, sondern auch das Kaiserklo, das nur einmal seiner edlen Bestimmung diente, als Franz Joseph 1895 zur Einweihung des Theaters nach Agram reiste. In einem Brief an Katharina Schratt klagte er bitterlich über das monströse Programm, das ihm zugemutet wurde, tagsüber das Defilee Tausender Schulkinder, abends die Vorstellung aller Schauspieler und Opernsänger auf der Bühne … Das Kaiserklo ist in historischer Erbfolge von Kaiser Franz Joseph auf Tito und von diesem auf Tudjman übergegangen, und auch in veränderten Zeiten wagte nie jemand, es zu benutzen, selbst wenn Tito wie Tudjman nur alle paar Jahre einmal das kroatische Nationaltheater besuchten, um sich musisch zu erleichtern.

8

Vesna Vabić, eine zierliche ältere Dame, war mit ausgesuchtem Stil und Schick gekleidet, und sie schien geradezu glücklich zu sein, mir von dem Mann berichten zu können, in den sie sich schon als Gymnasiastin fürs Leben verliebt hatte. Jetzt war sie Leiterin der Miroslav-Krleža-Gedenkstätte, die in dem Haus untergebracht war, das Krleža seit 1952 mit seiner Frau Bela auf einem bewaldeten Hügel über der Stadt bewohnte. Vesna

Vabić erwartete mich vor dem imposanten weißen Würfel, der gar nicht leicht zu finden war, wiewohl ich vom Dolac, dem zentralen Markt, nur zwanzig Minuten zu Fuß zu gehen hatte, um zu diesem Haus inmitten der Natur und der Stadt zugleich zu gelangen. Eine bessere Führerin als sie konnte ich mir nicht vorstellen, denn sie wusste alles, was ihr Idol betraf, und ihre Bewunderung war mit einer feinen Ironie durchtränkt, die sowohl ihrer eigenen, geradezu mädchenhaften Schwärmerei galt als auch den kleinen Schwächen des großen Meisters.

Krleža war 59, als er mit Bela einzog, und er lebte hier bis zu seinem Tod, 29 Jahre später. Seine großen Werke hatte er allesamt bereits zuvor geschrieben, in kleinen Wohnungen; hier oben, in einem der nobelsten Viertel von Zagreb, in einem der schönsten Häuser der Stadt, in dieser repräsentativen Unterkunft des Nationaldichters hat er Besucher aus aller Welt empfangen, das langsame Wachsen der monumentalen Kroatischen Enzyklopädie, deren Herausgeber er war, überwacht, seine Schriften geordnet und auf den Nobelpreis gewartet, den 1961 statt seiner Ivo Andrić gewann. Als er dieses Haus über der Stadt bezog, war er bereits der Klassiker, und auf den Fotos und Porträts, von dem ich in seinem Haus viele zu sehen bekam, schien mir sein Werdegang geradezu karikaturistisch dargestellt: Er war ein schöner Jüngling und wurde ein attraktiver junger Mann mit manchmal kämpferischer, dann wieder verschlossener Miene. In der Mitte seiner Jahre, in denen er Buch um Buch und alle seine Meisterwerke schrieb, ein einzigartiges und gewaltiges Werk schuf, ging er in die Breite, nahm seine Haltung etwas Statuarisches an. Auch in dieser Abfolge glich er Goethe, dem schönen Jüngling, feisten Geheimrat und schönen Greis. Im Alter werden in Krležas Gesicht die feinen Züge des traurigen Clowns unübersehbar, schon in der Empfangshalle im ersten Stock begrüßt er die Besucher auf einem Foto, das einer kostbaren Spiegelkonsole aufgeklebt ist, indem er den Kopf halb gesenkt hält, mit der Hand an die Mütze greift, als wolle er sie zum Gruße abnehmen, und im runden Gesicht ein hinreißend verschmitztes Lächeln aufgehen lässt, das aus schmalen Augenschlitzen herausblitzt.

Bela, die auf den Fotos weniger elegant als energisch wirkt, hatte sich mit Krleža zusammengetan, als er noch jung, arm und von der Polizei verfolgt war, und sie hat, zumindest würdigte Vesna Vabić es so, nach und nach die Leitung über sein Leben übernommen. Über vierzig Jahre war sie selbst die gefeierte Diva am Nationaltheater und spielte in fast allen seinen Theaterstücken bei der Premiere die weibliche Hauptrolle. Wer im Alter zu ihm vorgelassen werden wollte, im Haus in der Gvozd Nr. 23, musste es sich mit ihr richten. Die beiden waren 62 Jahre zusammen, und Krleža schrieb der Frau, die fast alle Tage seines Lebens mit ihm und neben ihm verbrachte, zahllose Briefe, von denen ein jeder mit der Wendung endet: »Ich liebe Dich.« Seit 1977 konnte er das Haus nicht mehr verlassen, auch nicht als Bela vor ihrem Tod monatelang im Krankenhaus unten in der Stadt lag. Krležas Chauffeur Jože hat jeden Tag einen Brief und eine gelbe Rose zu Bela ins Krankenhaus gebracht, bis sie im April 1981 starb. Vesna Vabić erzählte von Bela und Miroslav wie von einem der großen Liebespaare der Weltliteratur, und als sie von den letzten Liebesbekundungen der beiden berichtete, schimmerten ihre Augen vor Rührung.

Miroslav Krleža war der Avantgardist, Ivo Andrić der Traditionalist in der jugoslawischen Literatur jener Jahre, merkwürdigerweise zeigte der Avantgardist eher Neigungen zum repräsentativen Staatskünstler als der Traditionalist, der einen Hang zum asketischen Rückzug aus der Gesellschaft hatte. Krleža hatte über die Mächtigen der Welt, über die Provinzdespoten seiner Kindheit, die Statthalter der habsburgischen Herrschaft, die kriegsseligen Militärs, die heruntergekommenen Aristokraten, die spießig um ihre heile Welt besorgten

Bürger die ätzende Lauge seiner Polemik ausgegossen, in grandiosen Erzählungen, die vom Sterben des kleinen Mannes handeln; in Essays, die sprachgewaltig die Macht mit ihren Schranzen abservieren, in Romanen, von denen die 1931 erschienene »Rückkehr des Filip Latinovicz« Jean-Paul Sartre in den sechziger Jahren zum Eingeständnis verlockte, dass er sich viele Umwege seines Lebens erspart haben würde, wenn er ihn schon in seiner Jugend, nicht erst im Alter lesen hätte können.

Gleichwohl, in seinem letzten Haus erkannte ich, wie nah dieser Verächter der Macht nach 1945 den Mächtigen stand. Seine privilegierte Position hat er nachweislich dazu genutzt, sich für die gefährdeten Künstler, die aufbegehrenden Intellektuellen seines Landes einzusetzen. Tito, mit dem er befreundet war, hat auf seine Fürsprache hin Autoren, die kurz vorher noch mit Schreibverbot belegt wurden, mit Literaturstipendien abgefunden. Das spricht aber weniger für die Liberalität des Systems, als gegen dessen autokratischen Charakter. Was die Bürokraten verfolgten, nahm der Alleinherrscher, wenn ihn der berühmteste Autor seiner Zeit darum bat, bei Gelegenheit wohlwollend unter seine Huld. Auf einem Foto im Arbeitszimmer ist Krleža zu sehen, wie er neben einer Statue in Ägypten posiert und sich über alles Gravitätische selbst koboldhaft lustig zu machen scheint. Das Foto hatte der Hobbyfotograf Tito aufgenommen, der Krleža gerne auf Staatsreisen mitnahm und selbst stets körper- wie machtbewusst auf sein würdiges Auftreten achtete; gezeigt hat er auf seinem Foto einen Clown, dem der Schalk traurig aus den Augen blitzt.

Sead Muhamedagić war so alt wie ich und schaute mich aus weit geöffneten Augen an, ohne mich zu sehen. Er sprach mit leichtem Akzent, der weniger auffiel als die geradezu schriftliche Form seiner mündlichen Rede, die voll war von ausgesuchten Formulierungen und seltenen, aus der Dichtung übernommenen Worten. So konnte nur jemand sprechen, der Deutsch nicht auf der Straße, sondern in Bibliotheken gelernt hatte. Während er eindringlich auf mich einredete, huschten seine Augen unstet auf dem trübweißen Augapfel hin und her, wie das bei Blinden nicht selten der Fall ist; und dieser am Arm einer eleganten Begleiterin eingehängte Mann war blind, seit seinem dritten Lebensjahr. Er stammte aus einer muslimischen Familie in Bosnien, übersiedelte als Kind mit der Mutter nach Kroatien und wechselte gegen deren Willen eigenmächtig die Religion; Jahrzehnte später wird er erzählen, dass es die schöne Musik in der Kirche war, die in ihm den Wunsch weckte, im Chor mitzusingen und Katholik zu werden.

Ich wurde ihm an einem Vormittag im Mai des Jahres 2014 an der philosophischen Fakultät der Universität vorgestellt, wo er einen Übersetzer-Lehrgang mit einer kleinen Rede über das Übersetzen österreichischer Literatur eröffnete. Denn Muhamedagić war Übersetzer, und was für einer! Der erste Text, den er übersetzte, war der berühmte Brief des Lord Chandos von Hugo von Hofmannsthal, ein Portalwerk, durch das mehrere Generationen von Autoren in die Moderne eingetreten sind. Damals war der Übersetzer noch keine zwanzig Jahre alt, seither hatte er viele schwierige Bücher aus dem Deutschen ins Kroatische übertragen, und eben war er mit einem monumentalen, für unübersetzbar geltenden Werk fertig geworden, das somit hundert Jahre nach Ausbruch des Ersten Weltkriegs erstmals in kroatischer Sprache erscheinen konnte, mit »Die letzten Tage der Menschheit« von Karl Kraus. Wie kann man so einen Steinbruch von Buch übersetzen, wie bringt man das als Blinder zuwege? Muhamedagić arbeitete mit Vorlagen in Blindenschrift, mit Tonbandkassetten, mit seinem ungeheuren Gedächtnis, ich hatte den Eindruck, gleich manchem Pianisten kenne er das Stück auswendig, das er spielen wollte, aber bei einem vielstimmig orchestrierten Stück wie »Die letzten Tagen der Menschheit« genügte es nicht als Pianist, musste er schon als Dirigent zahlloser Instrumente antreten.

Ich war am Vorabend in Zagreb eingetroffen, und als ich aus dem habsburgischen Provinzbahnhof einer europäischen Metropole trat, begannen dicke Regentropfen auf den Asphalt zu klatschen, die die Luft rasch mit dem Geschmack warmen, feuchten Staubs erfüllten. Ich freute mich, in den nächsten Tagen mit einer Gruppe von angehenden Übersetzerinnen ein paar Texte von mir Absatz für Absatz durchzugehen. All die Tage bekam ich es bei dem Lehrgang nur mit jungen Frauen zu tun, als wäre das Übersetzen eine weibliche Domäne geworden, schlecht bezahlt, wie es ist, eine Arbeit, die Hingabe erfordert und bei der man nicht eitel seine eigenen Obsessionen spazieren führen darf, sondern sich in zwei Welten bewegen und vermittelnd zwischen ihnen bewähren muss. Ich fragte mich, was in ein paar Jahren aus Želka und Bojana, Ines, Danjela und Ana geworden sein mochte, hellwache, neugierige Personen, die so begeistert zur Sache gingen, ein wenig unsicher, ob es ihnen immer gelang, die Texte korrekt aus meiner Sprache zu übersetzen und in der ihren wohlklingend neu erstehen zu lassen.

Zagreb war jetzt die Hauptstadt eines Landes in der Europäischen Union, und diese jungen Frauen hatten allesamt bereits ein Studium absolviert und doch im beruflichen Leben nicht Fuß gefasst, denn Kroatien musste sparen, damit es sich eines Tages die Kredite würde leisten können, die es benötigte, um deutsche Waren zu importieren; und der Staat sollte abspecken, um anziehend zu sein für Investoren aus den Ländern des Westens, nein, des Nordens, die nur Appetit auf schlanke Staaten hatten und, wenn man sie mit lästigen Angelegenheiten wie Unternehmenssteuern oder Arbeiterrechten behelligte, auch ein Stück weiter nach Osten oder Süden ziehen konnten, wo die ganz mageren Staaten auf sie warteten, die sich ihnen ganz billig verkaufen mussten. Deswegen gab es jetzt weniger Gymnasiallehrer in den Schulen als zu kommunistischen und nationalistischen Zeiten, weniger Sozialarbeiterinnen, und darum wohnten diese Frauen, wenn sie nicht verheiratet waren, noch immer bei ihren Eltern. Das Versprechen der Freiheit, die ihnen in Europa blühen werde, hatte sich für sie nur zur Hälfte erfüllt, denn konnten sie sich jetzt auch in Deutschland oder Dänemark um einen Job bewerben, mussten sie, wenn sie das nicht wollten, als Akademikerinnen von mehr als dreißig Jahren doch im Wohnzimmer der Eltern wohnen, das abends nach dem Fernsehen zu ihrem Schlafzimmer umgebaut wurde. Auch in Kroatien lautete die europaweit ausgegebene Parole: Bildung, Bildung, nur Bildung sichert die Existenz, aber auch in Kroatien hatte die Arbeitslosigkeit unter den Absolventinnen der Universitäten diese in ihrer Emanzipation weit zurückgeworfen.

Unterrichtet wurden sie von Andy Jelčić, einem ausgezeichneten Übersetzer und charismatischen Lehrer. Er war ein paar Jahre jünger als Muhamedagić und ich, ein attraktiver Mann mit kantigem Gesicht und grauem stacheligen Dreitagebart, dem man den Sportler ansah, der er in seiner Freizeit immer noch war. Und wahrscheinlich benötigt man, um die beiden Bücher zu übersetzen, die er in den letzten Jahren auf Kroatisch herausgebracht hatte, nicht nur sprachliches Können, stilistisches Vermögen, kulturhistorisches Wissen, sondern auch körperliche Ausdauer und Belastbarkeit, denn »Der

Mann ohne Eigenschaften« und »Die Strudlhofstiege« übersetzen sich nicht in einem glücklich erfüllten Sommer, mit ihnen muss man sich durch alle Jahreszeiten beschäftigen, ohne aus dem Tritt zu geraten und längere Erholungspausen einzulegen. Jelčić mochte das Unterrichten, das war unübersehbar, er mochte seine Studentinnen, auf deren schwierige Lage er mich hinwies, und sie mochten es, von ihm unterrichtet zu werden, und waren unübersehbar darauf aus, ihn mit ihren Übersetzungsvorschlägen zu beeindrucken.

Ich war schon ein paar Tage in Zagreb, da lernte ich nach Muhamedagić und Jelčić bei einem Empfang auch den dritten bekannten Übersetzer dieser Generation kennen, Boris Perić, der vor Jahren ein Buch von mir ins Kroatische übertragen hatte, über das mehr Rezensionen erschienen, als Exemplare in den Buchhandlungen verkauft wurden, und mit dem ich bisher nicht einmal per E-Mail in Kontakt war. Perić war Ende vierzig, kräftig, ein Hüne, der sich langsam bewegte, die Miene kaum verzog und unter all den parlierenden Gästen wirkte, als würde ihn, was ringsum geschah, weder etwas angehen noch interessieren. Er hielt kein Glas Prosecco in der Hand, sondern eine Flasche Bier und schien sich außerordentlich zu langweilen. Er hatte die schon im deutschen Original nicht gerade leicht zu lesenden Schriften Martin Heideggers übersetzt, nein, nachgedichtet, und wie er das einräumte, war ich mir nicht sicher, ob er Heidegger eher für einen großen Philosophen oder einen schlechten Dichter hielt. Vor einigen Jahren übertrug er auch den »Tractatus logico-philosophicus« von Ludwig Wittgenstein ins Kroatische. Diese populär gewordene mathematische Abhandlung über die Sprache, die auf ein Verbot zuläuft, auf das Verbot, dort weiterzusprechen, wo es gerade notwendig wäre, nämlich wo das Ungesagte, noch nicht Sagbare beginnt, hat er sich auf seine eigene, das Pathos mit Sarkasmus brechende Weise angeeignet. Nachdem er den

Tractatus in Buchform herausgebracht hatte, begeisterte er einige Rapper dafür, Wittgensteins strenge Schrift mit ihrem Sprechgesang zu rhythmisieren, wobei die Gangster-Rapper aus der Zagreber Vorstadt Sušegrad den Ton des asketischen Philosophen aus Österreich am besten getroffen haben sollen. In dem Mann, der sich so gleichmütig präsentierte, war ein empfindsamer Kerl versteckt, und als er mir anbot, mich am nächsten Tag zum Friedhof Mirogoj zu begleiten, sagte ich sofort zu, weil ich wissen wollte, wie es sein werde, mit ihm unter all den Toten zu wandeln.

10

Als alter Friedhofsgänger kann ich kein Dorf verlassen, ohne mich auf dem Gottesacker hinter der Kirche umgesehen zu haben, dennoch hatte ich es noch nie bis zu dem berühmten Friedhof von Zagreb geschafft. Er liegt ein wenig außerhalb im Norden der Stadt auf einem Hügel, der schon nahe dem Stadtzentrum beginnt und anfangs fast unmerklich ansteigend ein paar Kilometer hinausführt. Wir gingen langsam, denn Boris war gewillt, als Begleiter alles zu geben und jede meiner Fragen nicht nur ausführlich zu beantworten, sondern dafür den Fundus seines geheimen Wissens zu öffnen. Der Friedhof lag in einem Park, der um die Mitte des 19. Jahrhunderts dem legendären Grafen Ljudevit Gaj gehört hatte, einem der kroatischen Patrioten, die sich der Sache des Illyrismus verschrieben. Die Illyrer, die in römischen Zeiten den Balkan besiedelten, wurden damals zum nationalen Mythos der Südslawen, den sie für ihr widersprüchliches Unterfangen bemühten, aus dem Geist der Vorvergangenheit eine moderne Nation zu begründen. Aber es war kein enger Nationalismus, der den Kroaten Ljudevit Gaj, den Serben Vuk Karadžić, den Slowenen Stanko

Vraz beflügelte, vielmehr hielten sie die Serben, Slowenen, Kroaten für illyrische Brüder, die ein unglückliches historisches Schicksal getrennt hatte und die, ein jeder für sich, nicht fähig wären, sich inmitten größerer Mächte und Völker zu behaupten. Also sollte eine jede der drei Gemeinschaften etwas von ihrer Sprache hergeben, damit daraus eine neue, größere, weiter verbreitete Sprache entstehe und mit ihr eine illyrische Nationalität der Kroaten, Slowenen, Serben, die nicht untergegangen, sondern in eine größere Einheit eingegangen sein würden.

Perić war ein guter Erzähler, der seine Geschichten bedächtig entwickelte und gerne mit einer skurrilen Pointe beendete. Seit Jahren arbeitete er an einem Wörterbuch, das alle deutschen Lehnwörter in der kroatischen Sprache erfassen und etymologisch erklären sollte. Einmal bei diesem Thema angelangt, bot er mir und sich selbst das Vergnügen, alle Dinge, auf die wir kamen, mit einem solchen Lehnwort auszudrücken. Wir waren »cu fuz« unterwegs, einige Zeit nach unserem gemeinsamen »fruštuk« in einer Imbissbude, wo wir zwar keine »kajzerica«, keine Kaisersemmel, zu uns genommen, aber doch das »escaig«, das Besteck, benutzt hatten. Ich gewann den Eindruck, dass es im Kroatischen so wie im Englischen für fast jedes Ding zwei Namen gab, von denen der eine deutschen, der andere altslawischen Ursprungs war.

Als wir am späten Vormittag an der Kuppe des Hügels anlangten, vor einer elegant mit klassizistischem Dekor ausgestatteten rotbraunen Mauer und einer imposanten Eingangshalle, die eine grüne Kuppel überwölbte, begann es zu nieseln, zugleich aber brach die Sonne durch die Wolken. Just als wir durch das Eingangstor traten, erstrahlte der Friedhof in einer unwirklichen Pracht, es regnete im Sonnenschein, und die dicht aneinandergereihten ausladenden Bäume leuchteten hell und saftig grün. Der Friedhof war 1876 eröffnet worden, der erste Tote, der in Mirogoj bestattet wurde, hieß Miroslav Singer und war ein jüdischer Turner und kroatischer Fechtmeister. Gleich hinter dem Eingang waren zwei überdimensionale schwarze Marmorplatten ausgelegt, in einer übertriebenen Geste des Schmerzes, als läge darunter kein Mensch, sondern ein Riese, und auf der oberen Platte stand in großen goldenen Buchstaben, dass hier Dr. Franjo Tudjman ruhte, der Präsident und oberste Akademiker der Nation. Wir zogen drei große konzentrische Kreise durch den Friedhof, dem auch die Jahre, da die Ustascha das Land beherrschte, nicht das historische Gedächtnis hatten austreiben können. Außer den Atheisten, deren Knochen oft unter einem Stein mit dem roten Stern der Partisanen lagen, hatten die Angehörigen von vier Religionsgemeinschaften hier ihre besonderen Reviere: die Katholiken, Orthodoxen, Juden und Muslime.

Auf den großen, fast schon kapellenartigen Grabmälern versuchte ich zahllose deutsche Namen zu entziffern. Viele der Rajner, Fichte, Wirnsberger, Kreutz, Erben, Fröhlich hatten sich im katholischen Teil des Friedhofs zur letzten Ruhe versammelt, noch mehr von ihnen aber im jüdischen. Indem die Nationalsozialisten mit ihren lokalen Spießgesellen das Judentum im Osten Europas vernichteten, haben sie dort mit einer Konsequenz, die sie niemals erahnten, nicht nur die deutsche Bevölkerung selbst erbarmungslos dezimiert, sondern auch das Ende der viele Jahrhunderte währenden Anwesenheit deutscher Volksgruppen in diesem Raum eingeläutet. »Wenn Deutschland sich der Tyrannei ergibt, wird es untergehen«, hatte Bischof Strossmayer um die Mitte des 19. Jahrhunderts geschrieben. In andere Grabsteine waren cyrillische Schriftzüge eingekerbt, und überall sah ich das orthodoxe Kreuz mit seinen zwei waagrechten und einem schräggestellten Arm, die orthodoxe Gräberkultur war selbst in der Ära der Ustascha in Mirogoj nicht angetastet worden. Zu Mirogoj passte auch nichts anderes als die sichtbare religiöse und nationale Vielfalt, zu diesem Friedhof, der auf dem Grundstück eines kroatischen Gelehrten errichtet wurde, der die serbische, slowenische, kroatische Nation »illyrisch« vereinen wollte, dessen Arkaden, Pavillons, Kuppeln ein deutscher Baumeister namens Hermann Bollé erbaut hatte und in dessen Erde als Erster ein kroatischer Patriot jüdischer Konfession begraben wurde.

Ich hatte nicht gewusst, dass Boris Perić selbst Romane, Erzählungen, Theaterstücke verfasste. Ausgerechnet auf »Die Rückkehr des Filip Latinovicz«, jenen Roman von Miroslav Krleža, den ich zu den acht, zehn Romanen zähle, in denen das Europa des 20. Jahrhunderts zu seiner wahren Biographie gekommen ist, hat er eine Paraphrase, Parodie, Variation unter demselben Titel verfasst. Filip, ein Maler, kehrt bei Krleža nach Jahren in Paris in seine Kleinstadt in der pannonischen Provinz zurück. Doch die Heimkehr führt ihn in die Raserei, denn dort, im zweiten, im anderen Europa, herrscht wie früher die ihm verhasste träge Selbstgefälligkeit, aber es hat sich inzwischen noch etwas zum Verheerenden gewendet: Das abgewiesene Europa ist zur Deponie für all das geistige und industrielle Gerümpel geworden, mit dem das Europa des Westens nichts mehr anfangen kann. Der bürgerliche Fortschritt ist bis hierher erst gar nie vorgedrungen, aber der bürgerliche Niedergang hat auch hier vieles verwüstet, der Kapitalismus hat da nichts aufgebaut und keinen Reichtum erschaffen, aber seine Krisen haben auch hier zerstörerisch gewirkt. Filip trifft auf Verwesung vor der Blüte, Zerfall noch vor dem Aufbau, hier werden die Paläste des Fortschritts gleich als Ruinen errichtet. Boris legte mir dar, wie visionär Krleža die Welt von heute vorweggenommen habe, am Anfang der dreißiger Jahre, und ohne dass ich es gemerkt hätte, hatte er mich vor die Gruft Krležas unter den Arkaden geführt, die an der Schmalseite des Friedhofs zu beiden Seiten des Eingangs wegführten. Der Mann war mir über die Jahre fremd geworden, sein Werk aber ist mir in seiner einzigartigen Bedeutung erst jetzt so richtig aufgegangen.

Auf der letzten Runde durch den Friedhof stieß ich zufällig auf das Grab eines Mannes, an den ich seit vielen Jahren nicht mehr gedacht hatte. Auf der Marmorplatte, auf der eine frische weiße Rose lag, standen der Name Enes Čengić und die Jahreszahlen 1926 und 1994. Der Vorsitzende des Krleža-Vereins, der mich vor 28 Jahren für sein großes Projekt gewinnen wollte, ruhte keine zweihundert Meter von seinem Idol entfernt, dem er nicht, und schon gar nicht mit meiner Hilfe, zum gebührenden Ruhm im deutschen Sprachraum hatte verhelfen können. Ich stand vor dem Grab des Mannes, der mir als ehrfurchtgebietender älterer Herr in Erinnerung war, und stellte fest, dass er damals, als er sich mir, dem angehenden Autor, so respektvoll zugewandt und mir sogar die Ehre zugedacht hatte, das Auge des Lamms zu verspeisen, gerade so alt war wie ich jetzt.

Es hatte heftiger zu regnen begonnen, ich zog den »rajsferslus« der Regenjacke zu, und Boris fragte mich, ob wir nicht in das Gasthaus gegenüber vom Friedhof gehen wollten, um uns über die Vergänglichkeit zu unterhalten und einige »spricer« Wein zu trinken.

Bulgarien, im Museum der ausrangierten Zukunft

I

Nur weil wir ihre Pferde und Schafe sahen, wussten wir, dass in dieser endlosen Kette verlassener Dörfer immer noch Menschen lebten. Wir waren gewarnt worden, dass die Strecke länger sei, als es die Straßenkarte vermuten ließe, und uns die Fahrt nach Widin im äußersten Nordwesten des Landes eintönig anmuten würde. Sie führte von den nördlichen Ausläufern des Balkangebirges in sanft ausrollenden Wellen langsam abwärts, durch Felder, von denen viele brachlagen und auf anderen die Herden dicht aneinandergedrängter Schafe weideten. Manche Ansiedlung bestand nur mehr aus wenigen Hütten, und beim Wartehäuschen des Überlandbusses, der hier schon lange nicht mehr vorbeikam, standen mit gesenktem Haupt die Pferde. Sie scharrten mit den Hufen und warteten darauf, dass jemand sie losband, vor einen Holzwagen schirrte und mit ihnen hinaus in die Felder oder in die nächste Ortschaft fuhr. Dies waren die einzigen Menschen, die wir auf der Fahrt durch das Hügelland über Stunden zu sehen bekamen: rauchende und lachende, übermütig winkende oder verächtlich ausspuckende Roma, die, von der Großmutter bis zum Kleinkind, auf ihren überladenen Wägelchen saßen und Holz, allerlei Gesträuch, Kanister mit Wasser, Wein oder Öl transportierten.

Auf halber Höhe eines Hügels zog die Straße eine scharfe Kehre, an der sie sich zu einem Plätzchen erweiterte. Dort witterten die Reste einer Tankstelle aus der kommunistischen Ära vor sich hin, ein geschwungenes Betondach ragte weit in die Straße herein, die massiven Stützbalken waren aufgerissen, sodass aus ihrem Inneren die spiralförmigen Metallstreben herausquollen. Wir hielten, stiegen aus und atmeten sogleich den durchdringenden Geruch nicht von Benzin und Brennstoffen, sondern von Fäkalien ein, die hinter dem, was vom Mauerwerk der Tankstelle übrig geblieben war, in der Sommerhitze dunsteten. Auf der anderen Seite öffnete sich hinter den stacheligen hohen Hecken unerwartet der Blick über das Land. Keine zweihundert Meter entfernt war uns zu Füßen ein Weiler zu sehen, auf der Wiese sprangen braune Pferde herum, und jetzt hörten wir auch das Geschrei fröhlicher Kinder, die nicht müde wurden, von einem krummen Baum in den Tümpel zu springen.

Die Wolken hingen schon seit zwei Tagen schwarz und schwer über dem Land, aber es regnete nicht und war schwül. Vor uns lagen grün und gelb die Felder und, je näher wir Widin kamen, diese verödeten Fabrikanlagen, die stillgelegt, aber nie abgewrackt wurden, ausgedehnte Gelände, die noch umzäunt oder bei denen auch die Zäune bereits umgekippt waren. Widin war schon zu römischen Zeiten eine bedeutende Ansiedlung gewesen, die Festung Baba Wida wurde vor mehr als tausend Jahren errichtet und galt noch jetzt als eine der mächtigsten in ganz Bulgarien. Die Stadt der Händler zog Leute aus allen Richtungen an, sodass sie bald eine orthodoxe Kathedrale, eine jüdische Synagoge und eine Moschee für die hierher abkommandierten Soldaten und Beamten der osmanischen Macht hatte. Widin war aber auch einer der ersten Orte im Land, in denen um die Mitte des 19. Jahrhunderts der Aufstand gegen die Osmanen ausbrach und, zweimal, dreimal niederkartätscht, doch immer neu aufflammte.

Der Hauptplatz war an diesem Nachmittag fast menschenleer und übertrieb das Kulissenhafte seiner Anlage. Da standen, auf einem Platz, der für eine Metropole, nicht für eine Provinzstadt von 40 000 Einwohnern dimensioniert war, die wuchtigen Amtsgebäude der kommunistischen Ära, gebaut wie nach dem Handbuch für Materialvergeudung; verschwenderisch reich mit Beton ausgestattet waren sowohl das Hochhaus, in dem früher die Partei residierte und in dem jetzt nur mehr einzelne Stockwerke bewohnt schienen, als auch das einstöckige Kulturzentrum, ein langgestrecktes Lagerhaus mit Pfeilern und Pilastern, als würde es notfalls das ganze kulturelle Erbe Bulgariens tragen müssen. Dazwischen hatten sich ein paar kleine, mit feiner Ziselierung der Fassaden ausgestattete Bauten vom Anfang des 20. Jahrhunderts ihre Eleganz erhalten, während gegenüber ein filigranes Schiff des Jugendstils längst leckgeschlagen war, sodass es keine Restauratorenkunst mehr würde retten können. Und neben, zwischen dem Glanz der kurzen bürgerlichen und den ramponierten Trutzburgen der kommunistischen Ära ragte eine Ruine des kapitalistischen Aufbaus, das Einkaufszentrum, so lieblos entworfen und billig hochgezogen, als gelte es, den Leuten die unselige Freude am Shoppen auszutreiben und den, der etwas kaufen will, von der moralischen Fragwürdigkeit seines Begehrens zu überzeugen.

Die Mitte des Platzes bildete ein drei Meter hohes Monument, das eine Handvoll Bauern und Arbeiter zeigte, wie sie als Soldaten, in der einen Hand Gewehr oder Lanze, die andere zur Faust des Fortschritts geballt, mit grimmig verzerrten Gesichtern vorwärts stürmten. Dabei hat sie der Künstler, um ihren Angriffsmut zu steigern, so steil vorwärts geneigt, dass sie, würden sie aus ihrer schwarzen metallischen Starre zum Leben erwachen, unweigerlich beim nächsten Schritt stürzen müssten: Im Sturmschritt in die Niederlage! Als wäre der hochdekorierte Bildhauer ein verkappter Defätist gewesen, hat er die proletarischen Kämpfer im allerletzten Moment, ehe sie straucheln und im Staube liegen werden, festgehalten und somit ihr Heldentum der Lächerlichkeit preisgegeben.

Hier standen wir benommen, als ich sah, dass sich von der äußersten Ecke des Platzes mit schlurfenden Schritten ein Mann auf den Weg gemacht hatte. Ich vermutete gleich, dass er es nicht auf das Monument, sondern auf uns abgesehen hatte. Sein Gesicht hatte eine ungesunde gelbe Färbung, der unförmig aufgedunsene Körper steckte in einem schwarzen, fleckigen Anzug und einem hellen, viel zu engen, mit Spritzern von gestocktem Blut gesprenkelten Hemd. Bei uns angekommen, blieb er stehen und schaute stumm vor sich hin und auf die seit fünfzig, sechzig Jahren in ihrem Straucheln aufgefangenen Männer aus Eisen hinauf. Dann entblößte er, mit vorsichtigem Ziehen an der Hose, sein rechtes, tiefrot und blau verfärbtes Bein und schob die Jacke über dem Bauch ein wenig zur Seite, dass ein Plastiktäschchen zum Vorschein kam, das am Gürtel befestigt war und von dem ein Schlauch in die Hose führte. Das alles tat er schweigend und mit sparsamer Geste, erst dann sagte er, auf Deutsch, das er aus unerfindlichen Gründen als unsere Sprache erkannt hatte: »Zwanzig Lewa oder tot!« Es war ein Überfall, doch der Kranke drohte nicht mit unserem, sondern mit seinem Tod. Er nahm das Geld, ohne sich zu bedanken, winkte müde mit dem Geldschein in der leicht erhobenen Hand und sagte, als er sich entfernte: Apteka. Apotheke.

Zwei, drei Stunden später bekamen wir es auf einem anderen, freundlicheren Platz noch einmal mit ihm zu tun. Wir saßen in einem Straßencafé, bedient von einer flinken jungen Frau, die sich freute, ihre Kenntnisse des Deutschen, die viel besser waren, als sie es glaubte, an uns erproben zu können, und uns, wenn sie einen Espresso oder ein Mineralwasser brachte, gleich wieder über ihre Stadt, das schwierige Leben hier, ihre Jahre auf dem Gymnasium, ihren Traum, als Studentin einmal nach Wien zu gelangen, zu berichten begann. Und dann waren sie plötzlich an unserem Tisch: die drei halbnackten, schmutzigen, mit entzündeten und verschorfenden Wunden an Händen und Beinen übersäten Kinder. Das jüngste war vielleicht vier, ein Bub mit einem Rotzfleck, der von der Nase zur Lippe klebte, das Haupt kahlgeschoren, so hielt er die geöffnete rechte Hand ausgestreckt zu mir und schaute mich dabei aus schimmernden schwarzen Augen an; der Zweite war vielleicht zwei Jahre älter und kräftiger, schielte stark und hatte lockiges verfilztes Haar, er sagte nichts, führte aber beständig die Hand zum Mund mit einer Bewegung, die für Hunger und den Wunsch nach Nahrung gebräuchlich ist; die Anführerin von ihnen war ein achtjähriges Mädchen, hochaufgeschossen, dürr, bloßfüßig, in einen bunten Rock gesteckt, das unablässig auf uns einredete und abwechselnd auf den Kleinen, den Mittleren und sich deutete.

Das also waren die Bettelkinder der Roma, vor denen uns jeder Bulgare, mit dem wir es auf unserer Reise zu tun bekommen hatte, gewarnt hatte, egal ob er liberale oder sozialistische, nationale, konservative oder gar keine Ansichten vertrat außer dieser einen, dass es sich jedenfalls verbiete, Romakindern Geld zu geben oder ein Stück Gebäck zu spendieren, weil sie in Clans von Verbrechern hineingeboren wurden und keinen Hunger, sondern nur die Aufgabe hatten, von guten dummen Menschen Geld zu ergaunern. Die Leute im Café ignorierten die Kinder, aber beobachteten verstohlen, ob die dummen Touristen der Schande ihrer Stadt, den Roma, die in dieser verödenden Region bereits die Mehrheit bildeten, auf den Leim gehen würden.

Wir hatten nur eine Münze von zwei Lewa zur Hand, und was sich entspann, war das Gespräch von Erwachsenen, die nicht Bulgarisch, und Kindern, die nicht Deutsch konnten, die einander aber völlig verstanden, weil sie es aus verschiedenen Gründen darauf angelegt hatten, verstanden zu werden und zu verstehen. Alle drei nickten sie zum Einverständnis, bis das Mädchen die Münze nahm, die sich durch drei nicht teilen ließ, und mit den beiden Gefährten davonwieselte. Wir schauten ihnen nach, und wen sahen wir auf der gegenüberliegenden Seite des Platzes auf einer Bank sitzen? Den Kranken, der uns vor die Alternative von Geld oder Tod gestellt hatte! Ihm reichten sie die Münze, und wir widmeten uns, besiegt von der Macht der Dinge, bestätigt in dem Vorurteil, das nicht das unsere war, dem wir aber auch dort, wo wir herkamen, jeden Tag begegneten, unseren Getränken und trübsinnig gewordenen Gedanken.

Dann aber waren sie plötzlich wieder da, und jeder zeigte, strahlend von einem Ohr zum anderen, was er in seiner Hand hatte, einen Haufen von Groschen, genau den dritten Teil von zwei Lewa, die sie bei dem finsteren Hintermann der Bettlerbanden von Widin gewechselt hatten. Wir lobten sie in der Sprache, die sie nicht verstanden, sie antworteten quietschfidel in der, die wir nicht verstanden, dann waren sie weg. Und ein paar Minuten später zogen sie grinsend, jeder ein Eis in der Hand, an uns vorbei, hinüber zu ihrem Vater, Onkel oder Großvater. Jetzt erst fiel uns auf, dass wir nicht bemessen konnten, wie alt der Mann mit dem aufgetriebenen Leib war, der den Kindern das Geld nicht abgenommen, sondern es ihnen so gewechselt hatte, wie wir es uns gewünscht hatten.

2

Auf einmal merkten wir, dass das Meer nicht mehr fern war, der aufkommende Wind hatte seinen Geruch bis zu unserem Hotel geweht. Auch an der Rezeption arbeitete eine junge Frau, die sich mit hörbarer Freude bemühte, uns in ihrem in der Schule oder einem privaten Bildungsinstitut erlernten Deutsch die Verhältnisse ihrer Stadt zu erklären und uns von ihren Plänen und Lebensträumen zu unterrichten. Blaga sprach außer Bulgarisch auch Russisch und Englisch, und ihre deutschen Worte setzte sie langsam, sich das Erlernte immer wieder konzentriert vergegenwärtigend, doch grammatikalisch völlig korrekt. Als ich einmal an die Rezeption trat, hatte sie gerade in einem Lehrbuch der spanischen Sprache gelesen und mit ihren Lippen still die Worte geformt, die sie sich einzuprägen versuchte. Sie wollte, natürlich, einmal nach Wien kommen, träumte aber von Barcelona, Valencia, Sevilla, wohin es auch jetzt noch, da Spanien von der Finanzkrise niedergehalten wurde, Tausende akademisch ausgebildeter Bulgaren und Bulgarinnen zog, weil die Krise im Westen ihnen immer noch Besseres verhieß als das Elend zuhause, von dem sie glaubten, dass es das Maß ihrer ganzen Lebenszeit bilden würde. Wir standen mit Blaga vor dem Hotel, und sie zeigte auf den fast farblos hellen Streifen hinter dem dunklen, mit hohen Bäumen bestückten Park, dort lag das Meer, das hier Dunărea hieß. Immer noch trat die Donau regelmäßig über die Ufer und überflutete die Wiesen und Parks, die ihr vorgelagert waren, und das geschah seit Menschengedenken meist zur Zeit der Kirschblüte, sodass man das wiederkehrende Ereignis die Kirschflut nannte, wie ich in dem Roman »Familienbrand« von Vladimir Zarev gelesen hatte, dem ersten Band einer Trilogie über eine Widiner Bürgersfamilie, weit gespannt vom Ende des 19. Jahrhunderts, als der bulgarische Staat wiedererstand, bis zu den Jahren nach dem Fall des Kommunismus.

Früher war die Donau jene Straße, die Widin mit Wien, Europa, der Welt verband. Generationen von Studenten waren von hier oder dem dreihundert Kilometer ostwärts gelegenen Russe, dem osmanischen Rustschuk, nach Belgrad und weiter nach Wien gereist, hatten sich dort in den Bibliotheken und den Cafés der Emigranten als Bulgaren entdeckt und waren als Revolutionäre über die Donau in ihre noch immer von den Osmanen beherrschte Heimat zurückgekehrt. Dreißig Kilometer donauabwärts lag der Hafen von Lom, in dem die k. k. Donaudampfschifffahrtsgesellschaft schon 1837 eine Filiale eröffnete und später Handelshäuser selbst aus London ihre Kontore errichteten. Und noch einmal vierzig Kilometer abwärts lag Kosloduj, heute berühmt und gefürchtet für ein mehrmals modernisiertes, immer noch für unsicher geltendes Atomkraftwerk, und zugleich ein heiliger Ort für alle Bulgaren, die ihre Hoffnung, dass sich eines Tages die Dinge doch bessern könnten, mit der Erinnerung an einen heldenmütigen Aufbruch vor 150 Jahren nährten. Hier war 1876 Hristo Botev mit 206 Getreuen von Bord des österreichischen Raddampfers Radetzky gesprungen, allesamt Studenten und Lehrer, die das Schiff als biedere Ausflügler bestiegen, bei jedem Halt, den es einlegte, mehr wurden, sich schließlich die mitgebrachten Uniformen anzogen und ihre Gewehre aus dem Gepäck holten, um in Kosloduj vom Schiff zu stürmen und den Aufstand gegen die Osmanen zu beginnen. Bis auf acht, die entrinnen konnten, waren sie nach wenigen Wochen alle tot, im Kampf gefallen oder gefangen genommen und in die hinterste Türkei verschleppt. Ehe Botev den Aufstand entfesselte, ein Unternehmen tollkühner Jünglinge, die von der Freiheit träumten, aber auch in die Idee verliebt waren, für sie den Tod zu erleiden, hatte er das Gedicht »Mein Gebet« verfasst, in dem er den einen Gott anklagte und den Beistand des anderen anrief:

»Nicht du, der du aus Lehm
Mann und Frau gemacht,
doch den Menschen zum Sklaven
auf Erden bestimmt hast;

nicht du, der du Zaren, Päpste,
Patriarchen gesalbt
und meine armen Brüder
im Elend gelassen hast;

nicht du, der du die Sklaven
dulden und beten lehrst
und bis zum Tode
mit eitler Hoffnung nährst;

nicht du, Gott der Lügner
und ehrlosen Tyrannen;
nicht du, Idol der Dummen
und Menschenfeinde!

Sondern du, Gott der Vernunft,
Schützer der Sklaven,
dessen Tag die Völker
bald begehen werden!«

Botev war 28, als er in den Kampf zog und fiel. Bis heute ist er
in Bulgarien allgegenwärtig, jedes Jahr treffen sich Tausende
eher von nationaler Größe als demokratischen Idealen bewegte
Wanderer, um von Kosloduj fünf Tage lang durch eine der
längsten Alleen der Welt auf einen Berg, unweit der pittoresk
zwischen Felswände gebauten Stadt Vratsa, zu ziehen; jedes
Städtchen, das auf sich hält, hat ihm einen Platz gewidmet und
dort eine Statue aufgestellt, die einen schönen, bärtigen Mann
zeigt, der ernst in die ferne freie Zukunft blickt, und selbst einer der größten Fußballklubs des Landes ist nach ihm benannt,
Botew Plovdiw. Als ich davon erfuhr, fragte ich mich, was geschehen müsste, dass auch bei uns in Österreich die Mann-
schaften statt Red Bull und Rapid Georg Trakl Salzburg oder
Grillparzer Wien hießen und in München nicht die Allianz-
Arena, sondern das Oskar-Maria-Graf-Stadion stünde. Botev
war ein Dichter und ein Freiheitsheld; seit ihm ist der Mythos
des Krieger-Dichters über die bulgarische Literatur verhängt,
sodass jeder Dichter einmal statt mit der Feder auch mit dem

Schwert für die Freiheit gekämpft und umgekehrt jeder General ein paar patriotische Verse verfasst und sich als Dichter bewährt haben soll.

Wie traurig sind mir immer die Städte vorgekommen, die an einem großen Wasser liegen, in denen aber das urbane Leben vom Fluss, vom Meer abgedrängt ist, weil Werftanlagen den Zugang verhindern wie in Pula oder militärische Sperrzonen das Küstengelände abriegeln wie in Klaipėda! An der Dunărea haben schon die Griechen und Römer ihre Stützpunkte und Grenzanlagen errichtet, und viele Städtchen sind später auf den Resten der alten Forts und Kastelle erbaut worden. Aber die Leute haben auch dort kaum Zugang zur Donau, sie fließt nur irgendwo hinter den Wäldern, Böschungen, Sandbänken vorbei. Kaum anderswo in Bulgarien fand ich eine so schön ausgestaltete Uferpromenade wie ausgerechnet in Widin, das in den vergangenen Jahren so viele Einwohner verloren hat und wo so viele Häuser dabei sind, in das Stadium unrettbaren Verfalls überzugehen. Breit führt die Promenade den Strom entlang, und landwärts dehnen sich Wiesen, in denen an diesem trüben Sommertag die Badenden lagen, junge, alte und ganz alte, selbst die Moschee, die fast eingestürzte Synagoge und die orthodoxe Kirche Sveta Petka waren nah der Donau errichtet, als würde es sich leichter beten in der Sicht- und Geruchsweite des Stromes.

Durch ihre Lage war die Stadt lange Zeit begünstigt und könnte es heute noch sein. Drüben, auf der anderen Seite, zu der eine von zwei Donaubrücken Bulgariens führt, liegt Rumänien, und zwanzig Kilometer flussaufwärts beginnt Serbien. Vladimir Zarev zeichnet Widin als Stadt, die vor 120 Jahren ihre bessere Zeit gehabt hat und die damals noch von den Linienschiffen aus Wien und Belgrad, aber auch in der Gegenrichtung aus Russe angefahren wurde. Viele Verbindungen an der Donau waren in den letzten Jahren jedoch eingestellt worden, sogar die bulgarischen, erzählte Blaga, als wir nach Mitternacht ins Hotel zurückkehrten. Als sentimentale Donauten hatten wir das Abendessen in einem Schiffsrestaurant eingenommen, direkt gegenüber der vielleicht 150 Meter entfernten Moschee Pasvantoglu, die nach jenem aufgeklärten und weisen Wesir benannt war, der das ihm zur Verwaltung übertragene Land, so weit entfernt von Konstantinopel, aus der Herrschaft der Osmanen in die Unabhängigkeit führen wollte. Wir aßen Donaufisch und beobachteten die Boote der Fischer, die nach getaner Arbeit hinüber auf die rumänische oder herüber auf die bulgarische Seite fuhren. Gegen zehn Uhr ging das Gewitter über der Stadt, dem Fluss, dem Schiff nieder, auf das wir seit Tagen gewartet hatten und das uns doch erschreckte, so unerwartet setzte es mit einem über den Himmel zackenden Blitz und einem gewaltigen Donner ein. So mussten wir auf dem Schiff bleiben und mit den anderen Gästen und den Bediensteten den gratis in Achtelgläsern gereichten Schnaps trinken. Ich saß an einem Tisch an der Reling, auf dessen hölzerne Überdachung der Regen prasselte, und freute mich, dass die Fische in dem von den Lampen des Restaurants schwach erleuchteten Wasser ausgelassen dahinflitzten.

Blaga meinte, es sei eine Schande, dass das Linienschiff auf der Strecke von Widin nach Russe sogar während der beiden Weltkriege seinen Betrieb niemals eingestellt hätte, aber jetzt nicht mehr fuhr. Doch da irrte sie, denn auch bei der Donauschifffahrt waren die Bulgaren, die es so verspätet zu ihrem eigenen Staat gebracht hatten, immer benachteiligt worden. Noch fünfzig Jahre, nachdem sie 1878 ihre ein halbes Jahrtausend vorher verlorene Unabhängigkeit wiedergewannen, fuhren zwischen den bulgarischen Häfen nur Schiffe österreichischer, ungarischer, serbischer, rumänischer Gesellschaften. Es dauerte bis zum 17. März 1935, zwei Wochen vor der Kirschblüte, die in diesem Jahr mit einer besonders starken Flut einherging, dass mit der »Iskar« zum ersten Mal ein bulgarisches Linienschiff von Russe nach Widin fuhr. So viele Aufstände, das ganze 18. und 19. Jahrhundert folgte einer dem anderen, aber selbst wenn sie einmal gelangen, wurden die Bulgaren der Freiheit, die sie erkämpften, immer wieder unverzüglich enteignet! Das war beim letzten nicht anders, mit dem sie sich vor 25 Jahren der kommunistischen Nomenklatura entledigten, damit sich deren Kinder als rücksichtslose Kapitalisten den Staat mit all seinen Reichtümern unter den Nagel rissen, den sie als Staatsbanditen, die sich stets verschiedene Parteien von Regierung und Opposition halten, bis heute nicht mehr hergegeben haben.

3

Die Donau war der Strom, der Bulgarien mit der Welt, Europa mit dem Orient verband, die Iskar ist der bulgarische Fluss, der es als einziger schafft, vom klösterreichen Süden des Landes anschwellend das Balkangebirge zu durchbrechen, um dann, nach der tiefen Schlucht, die er ins Gebirge getrieben hat, über die weiten Ebenen nordwärts zu fließen und in die Donau zu münden. Dort, wo wir, von Widin auf dem Wege nach Russe, auf ihn stießen, war er bereits kein wilder Gebirgsfluss mehr, sondern ein geradezu besänftigt seiner Mündung zueilendes Gewässer. Wir fuhren von der Landstraße ab und gerieten in ein Dorf, das über sich eine strenge Geometrie der Ruhe verhängt zu haben schien. Alle Lehmwege waren in rechtem Winkel zueinander angeordnet, alle waren sie gleich breit und gleich gut gewartet. Das Dorf bildete ein Quadrat, das in vier, fünf Quer- und Längsstraßen gegliedert war, und zwischen Straße und Haus befand sich überall ein breiter Streifen Gras, aus dem farbenprächtige Blumen sprossen, als wetteiferten die Bewohner damit, das ihre dazu beizutragen, dass ihr ganzes Dorf blühte.

Auf eine dieser Grünzeilen war ein steinalter Mann im Rollstuhl vor seinem Haus abgestellt worden, er saß schläfrig und wirkte in seinem wie inwendigen Schauen ganz mit sich und seinen Bildern beschäftigt. Er war aber gleich munter, als wir vorbeigingen, und froh, dass wir stehen blieben. Wir waren die Abwechslung des Tages für ihn, und als er erfragt hatte, woher wir kamen und was uns in seinen Ort gebracht hatte, bedeutete er uns, die übernächste Querstraße nach rechts abzuzweigen, dort würden wir etwas sehen, das uns erstaunen könnte. In den Aufzeichnungen, mit denen ich die kleinen Notizhefte fülle, die ich stets bei mir habe, mit diesem von mir selbst immer schwerer zu entziffernden Gekritzel, habe ich das Dorf als »Iskar« verzeichnet, aber selbst auf der genauesten bulgarischen Straßenkarte konnte ich später nur einen Ort dieses Namens entdecken, der weiter nördlich lag, sodass ich vermutlich ein Schild, das auf den Fluss hinwies, den wir überquerten, mit dem Ortsschild verwechselt hatte. Es war jedenfalls jener Ort, in dem wir in die zweite Querstraße rechts von dem Greis im Rollstuhl einbogen und auf ein großes blaues Auto stießen, das zwischen zwei Rosenstöcken vor einem der gleichförmig schmuck gehaltenen Häuser geparkt war. Es hatte ein spanisches Kennzeichen und an der Heckscheibe den Aufkleber des Fußballklubs Espanyol Barcelona.

An dem Wagen, der einem der im Sommer heimgekehrten Arbeitsemigranten gehörte, erkannten wir, dass die Leute hier nicht für sich in jener glückseligen und beschränkten Abgeschiedenheit lebten, die es nirgendwo mehr gibt; aber wie vielfältig sie mit der Welt auch verbunden waren, wussten sie doch ihre eigene und vollkommene Geometrie der Ruhe zu bewahren. Wir gingen durch diesen Ort mit seinen freundlich aus den Häusern hervortretenden, mit Neugier fragenden, mit Rat und Hinweis weiterhelfenden Leuten wie durch ein lebendiges Museum des Friedens. Die Donau wird seit einigen Jahrzehnten zum Strom der Völkerfreundschaft verklärt und touristisch aufgerüstet, und tatsächlich kann man mit ihr, ihrem Lauf durch verschiedene Landschaften und Länder, mit der Geschichte, die an ihren Ufern geschrieben wurde, und den zehn Staaten, die sie heute zu Anrainern hat, herrlich ins Schwärmen über das geraten, was sie als natürlicher Fluss und als historische Erfindung alles schon verbunden hat und heute noch in Europa miteinander verbindet. An der Donau findet sich fast alles, was uns an der Welt fasziniert: die schöne Vielgestalt der Landschaft und der Kultur, die Vielfalt an Lebensweisen, die sich unaufhörlich beeinflussen und bereichern, ein oft bewiesener Großmut der Menschen, die über eine trotzige Kraft verfügen können, wider die Vereinheitlichung ihr Besonderes zu behaupten.

An der Donau hat sich jedoch auch alles ereignet, wovor uns schaudert – der Krieg aufeinander angewiesener, doch periodisch gegeneinander gehetzter Völker; die Donau kennt auch den Fanatismus, die kleinen Unterschiede von Sitten und Gebräuchen großzureden und in ihnen das Wesen der eigenen Nationalität auszumachen, die Zerstörung der Natur, jenen Fortschritt, der stampfend einherschreitet. Die Donau hat nicht nur die Friedfertigen angezogen, sondern auch Mörder, die für ihre Verbrechen die Ufer des Stromes suchten. In jedem Krieg, der in einem der Donauländer geführt wurde, sind Menschen aus dem Landesinneren an die Donau gebracht worden, einzig zum Zwecke, dass ihnen dort ein schreckliches Ende bereitet werde. Mauthausen ist ein Markt an der Donau, und große Massaker an den Juden wurden im Zweiten Weltkrieg in Budapest, Baja, Novi Sad verübt, Städten, in denen immer schon viele Nationalitäten zusammengelebt hatten.

Die bulgarische Donau ist knappe fünfhundert Kilometer

lang, und sie fließt vielleicht die Hälfte dieser Strecke, bis sie Belene erreicht, eine kleine Stadt, die über eine Pontonbrücke mit der gleichnamigen Donauinsel verbunden ist. Wir schlenderten durch unser Iskar, das einen anderen Namen haben muss, und waren so friedlich versunken in das langsame Vergehen des Nachmittags, dass wir den Plan fallenließen, nach Belene zu fahren, das von hier nicht mehr allzu weit entfernt sein konnte. Der in Bulgarien geborene Ilija Trojanow hat einen Dokumentarfilm über Belene gedreht und eine bittere Reportage über den Ort an der Donau, nein, über das große Vergessen verfasst, das über alles, was in Belene geschah, bis heute verhängt ist. 1944 errichteten die bulgarischen Stalinisten auf der Insel ein Arbeits- und Umerziehungslager, in das Abertausende verschleppt wurden, unter den üblichen Anklagen als vermeintliche Saboteure enttarnt, die sich in die Reihen der Kommunistischen Partei eingeschlichen hatten. In Belene wurden Bauern inhaftiert, die angeblich Tierseuchen in den landwirtschaftlichen Kolchosen herbeigeführt hatten, und Künstler, die mit ihrem dekadenten Formalismus den natürlichen Optimismus der Werktätigen zersetzen wollten. Zahllose Menschen starben an Hunger und Entkräftung, in den eiskalten Wintern, den brühheißen Sommern, in denen sie immerzu arbeiten mussten, Donaulastkähne entladen und wieder beladen. Wie viele es waren, ist bis heute nicht bekannt, denn die Enkel derer, die ihre Landsleute denunzierten, drangsalierten und ermordeten, haben sich in den Besitz des neuen Staates gesetzt, sodass die Akten über die Verbrechen geschlossen bleiben.

4

Erst am letzten Tag unseres Aufenthalts in Russe entdeckten wir das Hotel Riga, von dessen Café im 22. Stock man den besten Blick über die Stadt hatte. Ein mächtiger Klotz aus der Ära des realen Sozialismus, erhob es sich dort in die Höhe, wo die Donau gerade begann, die inneren Stadtviertel zu verlassen, und ihr Ufer die ersten Fabrikhallen, Industriegebäude, Ladekräne säumten. In der Empfangshalle glitzerte polierter dunkler Marmor, exotische Bäumchen wuchsen aus steinernen Blumentrögen, in jeder Ecke sprühte und rieselte Wasser in kleinen Springbrunnen, und die Gäste, in mir unbekannten, ja, unerfindlichen Geschäften unterwegs, schienen vornehmlich aus Kasachstan, Usbekistan oder der Mongolei zu stammen und den kühlen Aufwand, der um sie betrieben wurde, ungerührt zu übersehen. Der Charme des Hotels hing untrennbar damit zusammen, dass die Welt, in der solche Hotels gebaut wurden, eine andere war als heute, da sie anfangen, uns über zwei Jahrzehnte nach dem Zusammenbruch des realen Sozialismus auf etwas anstößige Weise zu gefallen. Als wir am frühen Abend mit dem Lift hinauffuhren, war das Café über der Stadt menschenleer, abgesehen von den drei Kellnern, die in schwarzen Hosen und kurzen weißen Hemden an einem Tischchen nah dem Tresen saßen und sich uns mit freundlichem Gleichmut zuwandten. Von den zwei kleinen Terrassen sahen wir auf die Donau, wo gleißend das Licht der gegen Abend wandernden Sonne blinkte, hinüber nach Rumänien, wo die Schlote der Industriestadt Giurgiu ihren Rauch ausstießen, und hinunter auf die Stadt, in deren Straßen sich der Verkehr staute.

Im Nordosten war gerade noch die fast drei Kilometer lange Brücke der Freundschaft zu sehen, die die Donau auf zwei Etagen überspannte, die untere für die Züge, die obere für die nie abreißende Kolonne der Autos. Die in Hunderten

Reden proklamierte Freundschaft zwischen Rumänien und Bulgarien war zu Zeiten des Kommunismus so groß gewesen, dass Grenzwächter der einen wie der anderen Seite dafür abkommandiert wurden, den Schmuggel unerwünschter Schriften zu unterbinden. Dabei war im 19. Jahrhundert die Hauptstadt der bulgarischen Literatur das rumänische Bräila gewesen, wo die Emigranten Zeitungen und Verlage betrieben, in denen sie veröffentlichen konnten, was die Osmanen verboten hatten. Selbst der Begründer der modernen bulgarischen Literatur, Ivan Vazov, publizierte seine ersten Bücher in Rumänien, und »Pod Igoto« (Unter dem Joch), sein Roman der Erweckung Bulgariens, das die Herrschaft der Osmanen abzuschütteln versucht, kam zunächst in Bukarest heraus und darauf, noch ehe es in Sofia hätte erscheinen können, in englischer Übersetzung in London. Alle bulgarischen Schriftsteller und Literaturhistoriker, die ich kenne, lieben diesen Roman, obwohl er keinen von ihnen ästhetisch vollkommen überzeugt. Was sie empfinden, ist eine geradezu familiäre Verbundenheit mit diesem Werk, in dem sich der Aufbruch eines Volkes nach Jahrhunderten der zwangsverordneten Selbstvergessenheit spiegelt und von dem sie noch die Schwächen als liebenswert schätzen und gewissermaßen als Eigentum der Nation selber betrachten.

Hundert Jahre später war der geistige Verkehr über die bulgarisch-rumänische Grenze nahezu erloschen. Die beiden Nationalkommunisten Nicolae Ceaușescu und Todor Živkov gründeten ihre bizarre Herrschaft auf denselben Pfeilern, begünstigten dieselbe Nomenklatura und standen einander daher mit demselben Misstrauen gegenüber. Im rumänischen Giurgiu wurde die Schwerindustrie so rücksichtslos hochgezogen, dass auf der anderen Seite der Donau die Kinder krank wurden und in den achtziger Jahren des 20. Jahrhunderts 15 000 Einwohner von Russe ihre Stadt verließen, um dem unerträglichen Gestank und den giftigen Wolken zu entrinnen. In Widin hatte der Niedergang eingesetzt, als es mit dem Kommunismus zu Ende war, in Russe hingegen war er von diesem verursacht worden.

Jetzt schauten wir auf eine belebte Stadt, die wir uns zu Fuß bereits ergangen hatten, deren Anlage uns aber erst von oben einsichtig wurde. Russe war eine Stadt mit großzügigen Plätzen, drei weitläufigen Parks, einem breiten, vom Battenberg-Platz weit hinausführenden Boulevard und vielen Straßen, die mit ihren Bäumen und Jugendstilhäusern an Wien gemahnten, was kein Zufall war, wurde Russe in der Ära der bulgarischen Wiedergeburt doch von österreichischen Architekten zur modernen Stadt geformt. In selbstmörderischer Absicht hatte sich die Stadt vor ein paar Jahren mit einem Gürtel von Shoppingmalls stranguliert, von denen bereits zwei ausgereicht hätten, das Geschäftsleben in der inneren Stadt zu ruinieren, von denen es aber noch weitere gab, die bereits als Ruinen erbaut wurden, weil sie niemals so viele internationale Firmen als Mieter fanden, dass Bau und Betrieb sich gelohnt hätten. Jetzt witterten sie unübersehbar an großen Zubringerstraßen, die ins Nichts führten, und zerstörten Grünzonen dahin, schäbige Paläste der Spekulation.

Sonntags, bald nach unserer Ankunft, waren wir gleich zum zentralen Svobode Ploca gegangen, dem Freiheitsplatz, einem ausgedehnten Geviert, das mich weniger mit seinen repräsentativen Gebäuden beeindruckte als mit den strahlenförmig auf den Springbrunnen in der Mitte zulaufenden Wegen, auf denen Hunderte Bänke mit alten und jungen Leuten besetzt waren, mit Großeltern, deren Enkel auf Tretrollern und Rädern ihre Kunststücke vorführten, und mit herausgeputzten Mädchen und im ärmellosen Leibchen ihre Muskeln präsentierenden Burschen, die einander mit Anmut und Kraft zu beindrucken suchten. Dort geschah es, auf einer Bank, auf der ich die

Dinge nicht mehr aufmerksam betrachtet, sondern mich ihnen müde ergeben hatte, dass mich die vielen ineinander dringenden Geräusche – die Rufe der Kinder, die Ermahnungen der Großeltern, die Fetzen der Gespräche in den Straßencafés, das Klirren von den Tischen der Speiserestaurants im Freien – auf einmal an die Sommertage im Schwimmbad meiner Kindheit erinnerten, als sich über dem ganzen von der Sonne übergossenen Areal die Geräusche wie unter einem Zeltdach sammelten. Ich saß in Russe, erschöpft von der langen Autofahrt, von den Straßen, die ich gegangen, den Menschen, die ich betrachtet hatte, und sah mich, wie ich in Salzburg an einem Nachmittag im Schwimmbad vor einem halben Jahrhundert den Kopf hob, weil mir plötzlich die aus Aberhunderten Stimmen und Geräuschen gebildete Kuppel von Klängen aufgefallen war, die sich über mir und dem Bad wölbte. Ja, dachte ich mir jetzt beglückt, ich reise auch deswegen so gerne, weil ich in der Fremde immer irgendwo auf den stoße, der ich einmal war oder der ich, ehe ich es vergessen hatte, gerne geworden wäre.

An diesem Sonntag hatten sich wohl zwei-, vielleicht dreitausend Menschen auf dem Freiheitsplatz verteilt, der seinen Namen verdiente, weil das Volk sich seinen Besitz nicht nehmen ließ. Durch das Grün der Bäume sah ich die karmesinrote Fassade des Opernhauses, und in der Ferne blinkte eine goldene Kuppel, die aus vier weißen Blöcken aufzusteigen schien, als stünde ich nicht auf dem Freiheitsplatz von Russe, sondern dem Karlsplatz in Wien und schaute auf das Gebäude der gegenüberliegenden Sezession. Selbst vom Café heroben war das Leuchten der Kuppel noch zu sehen, die zum Pantheon gehörte, einer Ruhmeshalle mit integriertem Beinhaus, das zur Ehre der Freiheitshelden von 1876/77 errichtet wurde, als es den Bulgaren mit russischer Unterstützung gelang, die türkischen Besatzer aus dem Land zu jagen.

Das breit gestreckte, weiße Gebäude, das auf einer Aufschüttung von drei Metern Höhe errichtet wurde und dessen
Eingang unterhalb, auf dem Niveau der Straße, lag, war gestern verschlossen gewesen. Auf unser Klopfen hatten wir jedoch Schritte gehört, und als sich das Tor öffnete, stand ein
vierzigjähriger, auffallend magerer Mann vor uns. Er redete
uns auf Bulgarisch an, versuchte es dann mit Russisch, um uns
endlich mit französischen Begrüßungsformeln zum Eintreten
aufzufordern. Im kühlen, matt erleuchteten Raum flackerte
unter der Kuppel ein ewiges Feuer. Für Bulgarien, ein Land,
vollgeräumt mit kolossal rohen Denkmälern, die die nationale
Geschichte als steinerne Triumphe verherrlichten, mutete dieser Saal der toten Helden geradezu zurückhaltend an. Die
Knochen von 452 Gefallenen waren hier unter schweren Marmorplatten gesammelt, den diskret gehaltenen Hinweistafeln
war zu entnehmen, dass kaum einer von diesen Studenten,
Lehrern, Journalisten älter als dreißig war, als er den Tod erlitt.
Der schmale, tapfer gegen seine Schüchternheit ankämpfende
Mann hielt sich bescheiden stets ein paar Meter hinter uns,
er wollte nicht drängeln, doch wenn wir innehielten, stellte er
sich neben uns und erklärte, was es mit den hier Bestatteten auf
sich hatte, er schien alles zu wissen, woher ein jeder kam, wie
er hieß, wo er gekämpft hatte und gefallen war. Kein Zweifel,
hier hatte einer seine Bestimmung gefunden, denn dieser Führer durch das Totenreich ratterte keine Informationen herun-
ter, sondern erzählte, und wie er es tat, gewann ich den Eindruck, er berichtete nicht von historischen Gestalten, sondern
von ihm nahen Menschen, auf deren Beistand er setzte. In seinem wie abgekargten Gesicht, in dem die Backenknochen her-
vortraten, als wären sie nur von durchsichtigem, bläulichem
Pergament bedeckt, schimmerten zwei schwarze Augen, sie erzählten von Hingabe und Sehnsucht, und bald kam mir vor,
unser merkwürdiger Führer wäre einer von den Toten, die hier

lagen und sich darin abwechselten, die Lebenden durch ihren düsteren Ehrensaal zu geleiten.

Wir saßen schon eine Stunde auf der Dachterrasse und beobachteten die flachen Fährschiffe, die nur zwei, drei Mann Besatzung hatten und, beladen mit bunt gestrichenen Containern, ruhig wie an einer langen Schnur dahinzogen. Ein großes Passagierschiff näherte sich langsam aus der Richtung von Donaudelta und Schwarzem Meer, der Steuermann dockte an einem anderen, kleineren Schiff an, das am Pier ankerte, und durch das kleinere Schiff traten die Passagiere des Luxusliners an Land. Nah der Donaubrücke waren sie an einem riesigen Baugelände vorbeigefahren, wo Hunderte Lkws unaufhörlich den Sand des großen Flusses fortbrachten und Schutt, Zement, Stein abluden. Hier entstand eine neue Industriezone, und als wir beim Versuch, die Stadt zu erkunden, einmal bis zu ihren ausfransenden Rändern geraten waren, fanden wir zwischen all den Kränen, dröhnenden Baumaschinen, Lkws fast nicht mehr zurück. Der Nordosten der Stadt glich einer einzigen Baustelle, die im aufgewirbelten Sand und Staub zu verschwinden schien. Die Arbeiter trugen braun verfärbte Tücher vor dem Mund, um den glühenden Sand nicht ungefiltert einzuatmen. Als wir einen von ihnen ansprachen und nach dem Weg fragten, nutzte er die Gelegenheit, um sich den klebrigen Fetzen vom Gesicht zu reißen und sich mitten in dem brennend heißen Dunst eine Zigarette anzuzünden. Er deutete auf die Brücke, die zweihundert Meter entfernt lag, und sagte: Giurgiu, Romania. Dann zeigte er den Fluss hinauf und sagte: Europa.

Europa lag also immer noch flussaufwärts, nicht -abwärts, und auch nicht auf der anderen Seite der Dunărea. Elias Canetti, der seine ersten fünf Jahre in Russe verbrachte, schrieb in seinen im Alter verfassten Erinnerungsbüchern, die ihm jenen Ruhm einbrachten, den er für sein Frühwerk verdiente, ebendies: dass die Leute, wenn einer Russe verließ und die Donau aufwärts fuhr, von ihm sagten, er fahre nach Europa. Hundert Jahre später war es noch immer so, und auch der Kellner, der achtsam auf Deutsch nach unseren Wünschen fragte, war einst aufgebrochen, um sein Glück in Europa zu suchen. Er fand es in Onsabrück, aber es war nicht ungetrübt, sodass er wieder heimkehrte. Was ihm von Deutschland geblieben war? »Mein Deutsch ist schlecht, aber mein Opel ist gut.«

5

Ich erwachte und schaute auf das kurioseste Denkmal, das ich jemals gesehen hatte. Bulgarische Freunde hatten mir von Veliko Tarnovo als der ehrwürdigsten Stadt des Landes vorgeschwärmt, die pittoresk an einen steilen Felsen gebaut sei und deren Häuser aus der Ära der bulgarischen Wiedergeburt sich zu einer von kaum einer Bausünde unterbrochenen Kette fügten … eine Stadt, mit der zwei epochale Ereignisse der nationalen Geschichte verbunden waren – das eine aus dem Jahr 1175, als Veliko Tarnovo zur Hauptstadt des zweiten bulgarischen Reiches erhoben wurde, einem der mächtigsten europäischen Staaten seiner Zeit; und das andere aus dem Jahr 1879, als hier das erste Parlament des neu erstandenen Bulgarien tagte und dem Land eine Verfassung gab. Nach Veliko Tarnovo strömten die Mönche und Gelehrten, die jene berühmte Literaturschule bildeten, von der im Mittelalter das Bulgarische zur Literatursprache geformt wurde, und hier befanden sich immer noch einige der wenigen universitären Institute, die über internationalen Ruf verfügten.

Wir waren spät am Abend eingetroffen, und jetzt stand ich, aufgeschreckt durch den fauchenden Streit zweier Katzen, im nahezu farblosen Licht des frühen Morgens am Fester und schaute über die atemberaubende Kulisse eines Naturtheaters, in die eine auftrumpfende patriotische Markierung gepfählt war. In einer Schlucht, wohl hundert Meter unter mir, zog die Jantra, der wild mäandernde Fluss, eine Kehre von fast 180 Grad und strömte so in der Gegenrichtung, aus der sie gekommen war, durch die Stadt. Auf der Halbinsel, die von dieser Kehre gebildet und umschlossen wurde, war ein gewaltiges Ensemble schwarzer Bronzefiguren platziert: vier überlebensgroße, waffenstarrende Krieger, jeder auf einem Schlachtross und mit einer Miene, als gälte es den Feind im nächsten Augenblick bei lebendigem Leib zu zermalmen. Und zwischen sie, deren Rösser in perfekter Symmetrie nach vier Richtungen loszusprengen schienen, war ein dünner, am oberen Ende scharf zugespitzter Pfeiler gesetzt, der wie ein immens langer Stift wirkte, der das Himmelszelt selber einzuritzen schien. Ein paar Stunden später würde ich ganz klein unter diesem mit seiner Wucht und Gewaltsamkeit erschütternden Monument stehen und mich dorthin umwenden, von wo ich in der Früh aus dem Hotelfenster geschaut hatte, und an der Häuserzeile erkennen, dass sie verwegen und anmutig zugleich auf einen nahezu senkrechten Felsen gebaut war.

Die mit zotteligen Bärten ausgestatteten Helden waren die vier Brüder Asen, die im 12. Jahrhundert die Herrschaft über die Region erobert, Veliko Tarnovo zu ihrem Verwaltungssitz gemacht und sich zu Zaren über weite Teile Bulgariens, Griechenlands und Rumäniens erklärt hatten. Das Denkmal, das vier Selbstherrscher verherrlichte, wurde erst in den letzten Jahren des Kommunismus errichtet, der in Bulgarien die feudalen Traditionen offenbar nicht überwinden, sondern an sie anschließen wollte. Oben die Stadt: kühn in den Felsen geschlagen, von zauberhaften Straßen durchzogen, reich an stilsicher errichteten Häusern mit zwei, drei Stockwerken, flachen Schindeldächern, hölzernen Balkonen, emaillierten Fliesen, fein ziselierten Fassaden; unten das in die Natur gesetzte Monument der Macht mit einer vor eroberungswütigem Kampfesmut schier brüllenden Figurengruppe.

Der Himmel war wolkenlos, als wir uns auf den Weg durch die Stadt machten, aber in der Ferne rumorte und donnerte es. Wir zogen durch die Straßen, die uns mit der Geschlossenheit imponierten, in der sich ein wohlrestauriertes Haus aus der Ära der Wiedergeburt an das nächste reihte, in einer Art von Jugendstil, der mit Elementen der regionalen Traditionen versetzt war, und ergingen uns nach und nach die bizarre Struktur der Stadt, die sich so originell in die Natur fügte. Ein herrlicher Sommertag kündigte sich für diesen 23. August 2014 an, doch in den Hügeln rollte und grollte es, bald näher, bald ferner, aber immer war er zu vernehmen, der drohende Unterton zur Melodie dieses fröhlichen Samstags.

Gegen Mittag standen wir dort, wo die prächtige Stambolov-Straße eine Biegung nach links macht und in die breitere Nezavisimost übergeht, die zu den großen Ausfallstraßen führt, wir standen an diesem charmanten Plätzchen, an dem die Tische der Straßencafés gut besetzt waren und Hunderte friedfertiger Leute flanierten, und dann sahen wir, wie sie sich zur Gefechtsformation sammelte: die Sturmschar, die die Stadt seit Stunden umrundete und nun endlich in sie eindringen und sie in Besitz nehmen wollte. An der breiten Vasil-Levski-Straße drängte sich ein schwarzer Pulk immer dichter zusammen, ein dumpfes Dröhnen war zu hören – bis, nach einem Moment der Stille, die Motoren aufheulten und die Brigade auf die verkehrsberuhigte Zone der Altstadt zuraste. Es waren Aberhunderte Motorradfahrer, die in geordneter Formation das Chaos nach Veliko Tarnovo brachten. Sie fuhren ausnahmslos die schweren Maschinen von 750 und mehr Kubikzentimetern und sahen mit ihren Panzern auf zwei Rädern aus, als wären sie intergalaktische Soldaten aus einem Hollywoodfilm, die ausgesandt wurden, ausgerechnet in dieser so freundlichen Stadt in Zentralbulgarien Schrecken zu verbreiten. Sie steckten in schwarzen Monturen mit grellen Aufklebern, trugen schwarze Lederstiefel, schwarze Handschuhe, schwarze Stahlhelme mit merkwürdigen Enblemen.

An der Spitze des Trupps fuhr ein fünfzigjähriger Mann, aus dessen Glatze im Nacken ein Büschel grauer, zu einem dünnen Pferdeschwanz gefasster Haare spross; er trug eine Lederjacke ohne Ärmel, dass er dem Publikum das Spiel seiner kräftigen Armmuskeln bieten konnte. Ihn flankierten zwei Männer, die beide an der Lenkstange eine Standarte befestigt hatten, auf der als Wappen ein grün-roter Kreis mit einem schwarzen Kreuz aufgeprägt war. Hinter diesen folgten drei jüngere Biker, die ihre Helme abgenommen hatten und den aufgescheuchten Bewohnern ihre Verachtung und gute Laune zeigten, indem sie den ausgestreckten Mittelfinger in die Höhe reckten und ihn dann mit heftiger Gebärde gegen einzelne Passanten richteten. Und exakt in der Spur dieser drei folgte eine unübersehbare Kolonne von behelmten Fahrern, die alle paar Meter ohrenbetäubend die Motoren aufheulen ließen. Ähnliches hatte ich noch nicht gesehen, mir kam vor, als wäre die motorisierte SA, zusammengestellt aus allen Motorradbanden Bulgariens, hierher abkommandiert worden, um die Herrschaft über die Straße zu gewinnen und der angestammten Bevölkerung das Fürchten zu lehren. Die Leute, die flanierten oder im Freien saßen, traten zurück, drückten sich bald an die Hauswände, aus der Neugier, mit der sie die ersten Fahrer betrachtet hatten, wurde ratloses Staunen, dann schieres Entsetzen, Kinder begannen zu weinen und wurden hochgehoben, Frauen hielten sich verzweifelt die Ohren zu, aber nur ein einziger Mann, ein dürrer, wackeliger Greis, der am Samstagmittag im Anzug und mit Hut seiner Stadt die Aufwartung machen wollte, wagte es, sich an den Straßenrand zu stellen und dem

Pulk mit seinem Spazierstock zu drohen, während er seinen Mund zu einem Schrei öffnete, den man nur sehen, im Lärm der Motoren aber nicht hören konnte.

Nach fünfzehn Minuten hatte der donnernde Zug die Stadt durchquert und deren Einwohner fassungslos zurückgelassen. Der Mittag strahlte, die verstörte Stadt suchte in samstägliche Stimmung zurückzufinden, nach einiger Zeit konnte man in den Zweigen sogar wieder das Zwitschern der Vögel hören. Die SA hatte die Stadt geräumt, jedoch nur, um sie aufs Neue zu umrunden und zum nächsten Sprung auf die Zivilisation anzusetzen. Nach einer Stunde waren sie wieder da, derselbe Aufmarsch, dasselbe Protzen, dieselben verächtlichen Blicke und Gesten gegen das zurückgedrängte Spalier der Stadtbewohner … Als ich mich einer kleinen Gruppe nahe einem Kiosk zugesellte und fragte, was diese Parade zu bedeuten habe, stieß ich auf Ratlosigkeit und Resignation, einer sagte zornig etwas von Hells Angels, ein anderer sprach fragend den Namen »Ataka« aus.

Die Ataka ist eine nationalistische Partei, die im bulgarischen Parlament bald mehr, bald weniger Abgeordnete stellt, von aufgeschreckten Kleinbürgern gewählt wird, aber auch auf Schrecken verbreitende Schlägergarden zurückgreifen kann. Gegründet wurde sie natürlich weder von den ängstlichen Spießern noch von den furchterregenden Hooligans, sondern von einer Gruppe nationalistisch überspannter Intellektueller um Wolen Siderow. Der einstige Fotograf ist eine bizarre Gestalt: Den Kommunismus hält er für eine Verschwörung jüdischer Kapitalisten, die Redaktionsräume von Zeitungen, in denen er kritisiert wurde, pflegt er gelegentlich mit Stoßtrupps zu besetzen, und an Xenophobie mag er von keinem in Bulgarien überboten werden. Der Hass gegen Fremde und Ausländer ist in einem Land gar nicht so leicht auszuleben, in dem es so lange kaum Zuzügler, Flüchtlinge, Arbeitsmigranten gab, darum hat Ataka bestimmte Gruppen von Einheimischen zu Ausländern im eigenen Land erklärt. Sie findet sie in den Roma als der größten und den Juden als einer ganz kleinen Minderheit und in den bulgarischen Türken, deren Vorfahren vor Jahrhunderten als Besatzer ins Land gekommen waren.

Während der Hass gegen die Roma Tradition hat, ist der gegen die Juden in Bulgarien etwas völlig Neues. Die sich als wehrhafte Patrioten aufspielen, verstoßen in Wahrheit gegen die besten Traditionen ihres Landes, auf die viele Bulgaren zu Recht stolz sind. Wiewohl mit dem Dritten Reich in einer Allianz verbunden, hat Bulgarien nämlich seine 50 000 Juden vor der Deportation und Vernichtung zu schützen gewusst. Würdenträger der orthodoxen Kirche, allen voran der Metropolit Stefan, der stellvertretende Parlamentspräsident Dimitar Pešew, ja, die Bevölkerung selbst, die auf die Straße ging, haben verhindert, dass die vom Dritten Reich angeordnete Deportation der jüdischen Bevölkerung auch tatsächlich durchgeführt werden konnte.

6

Als ich das Ortsschild von Gabrovo sah, musste ich lachen. Die Stadt lag eine halbe Autostunde südlich von Veliko Tarnovo, genau in der geographischen Mitte Bulgariens, am Nordhang des weit gestreckten, vor uns sich erhebenden blauen Gebirges, das dem ganzen Balkan den Namen gab. Gabrovo war berühmt für sein »Haus des Humors und der Satire«, ein Museum, das von Witzbolden laufend neue Exponate aus aller Welt erhielt, aber das war nicht der Grund meiner Erheiterung. Als wir in Gabrovo eintrafen, fiel mir vielmehr ein, wer der berühmteste Sohn der Stadt war: Hristo Jawaschew, genannt Christo, der

Verpackungskünstler, der nur die richtig großen Dinge verpackte – den Reichstag, den Pont Neuf in Paris, ein Küstenstück in Australien. Ich musste lachen, weil ich im Auto mit einem Mal begriff, warum Christo nur aus Bulgarien stammen konnte, dem Land der monumentalen Denkmäler, die wie darauf zu warten schienen, dass man sie verhülle und ihre Eindeutigkeit in etwas Rätselhaftes verwandle.

Bald nach dem Ortsschild, noch vor den ersten Siedlungen, mussten wir an der Landstraße halten, um zu tanken. Als wir gezahlt hatten, entdeckten wir an der Rückseite der Tankstelle drei kleine, mit allerlei Devotionalien aus Plastik dekorierte Tischchen, von denen man aus dem Schatten auf die bergwärts sich dehnenden Felder schauen konnte. Wir nahmen Platz und wollten einen kleinen Imbiss zu uns nehmen, doch der stämmige Tankwart in seinem grün-blauen Overall warf nur einen Blick zur Hintertür heraus und war sofort wieder weg, ohne Anstalten zu machen, uns nach unseren Wünschen zu befragen. Wir hatten das schon öfter erlebt, und nicht nur in abgelegenen Ortschaften, dass wir uns in einem Gastgarten niederließen, aber nicht und nicht bedient wurden. Anfangs war uns das als Unhöflichkeit erschienen, sodass wir die Lokale nach einer Weile gekränkt wieder verließen. Mittlerweile waren wir dahintergekommen, dass es sich dabei nicht um mangelnden Respekt, sondern im Gegenteil gerade um eine besondere Form des Respekts handelte, um eine scheue Zurückhaltung, mit der die Kellner und Wirte den Gast nicht zur Konsumation nötigen wollten.

Bulgarien war ein Land von Bauern, das nie Zeit dafür fand, ein eigenes Bürgertum auszubilden. Die Osmanen unterdrückten jedwede bürgerliche Bestrebung, ihnen waren die Bauern genug, die sie unter Tributpflicht halten konnten. Die Befreiung von 1876 war daher von den bulgarischen Revolutionären als nationale Bauernbefreiung konzipiert, und in den wenigen Jahrzehnten, die bis zur kommunistischen Übernahme der Macht einem Land blieben, das der Theorie zufolge dafür völlig ungeeignet war, konnte sich eine Bürgerschaft kaum entfalten. In der kommunistischen Ära wurden aus Millionen Bauern in den Kombinaten Industriearbeiter, die gemäß der Staatslegende als herrschende Klasse galten, auch wenn sie wenig zu sagen hatten und in die Großindustrie gepresste Kleinbauern blieben.

In einer Gesellschaft, die es nie zu einem Bürgertum gebracht hat, das mit seinen verfeinerten Manieren, Sitten, Neurosen den Alltag der Nation durchformen hätte können, überdauern manche bäuerliche und plebejische Tugenden, die in bürgerlichen Gesellschaften unterzugehen oder nur in folkloristischer Verfälschung zu überleben pflegen. Wir brauchten eine Zeitlang, bis wir das spürten und zu würdigen verstanden, dann wurde uns das Ungeschick, mit dem wir als hungrige und durstige Gäste rechnen mussten, bald als Zeichen einer noch nicht völlig durchkommerzialisierten Gesellschaft lieb. Nach der sympathischen Seite kann der Mangel an bürgerlichen Traditionen als Verzicht auf kommerzielle Aufrüstung, auf die Durchformung aller Lebensbereiche mit dem gleichmachenden Geist des Geldes zu Buche schlagen. Tatsächlich, mancher Kellner hatte uns nicht deswegen übersehen, weil er faul oder arrogant gewesen wäre, sondern weil es ihm wie eingeboren war, dass Menschen an seinem Tisch auch verweilen durften, ohne etwas bestellen zu müssen. Andererseits waren sie überall unübersehbar, auf der Straße, in den Gasthäusern, in den Fernsehberichten aus dem Parlament – die weniger unverfälschten als ungehobelten Lackel, die sich mit ihren massigen Körpern rücksichtslos den Weg frei schoben. Wenn in den Städten die Neureichen in ihren abgedunkelten Karossen auf schadhaftem Asphalt durch die Straßen brausten, dann sahen wir am Ende der Parade immer einen gedrungenen, mit Anzug und Krawatte kostümierten Bauer aussteigen, der eher auf einen Traktor gepasst hätte.

Ich lief also auch dieses Mal dem Wirt nach, um ihn mit einem Auftrag zu behelligen. Er stand im kühlen Raum und schwitzte heftig, blickte vor sich hin, mit der müden Verdrossenheit, die auf so vielen der ausgepowerten Gesichter lag, und begann doch sogleich freundlich zu nicken, als ich ihn ansprach. Auf meine Frage bot er mir von seiner Frau zubereiteten Šopska-Salat an, und ich stimmte gleich zu, denn nirgendwo auf der Welt hatten wir so einfachen, so guten, so preiswerten Tomatensalat gegessen wie in Bulgarien, wo er in jedem Imbiss an der Überlandstraße, jedem fragwürdigen Café in einer nächtlichen Straße frisch mit Gurken, Zwiebelringen, geriebenem Schafskäse angeboten wurde. Als wir einmal eine der zahllosen Filialen österreichischer, deutscher, französischer Lebensmitteldiscounter besuchten, die sich in den bulgarischen Städten festgesetzt hatten, fanden wir im Angebot nirgendwo diese duftenden bulgarischen Tomaten, sondern nichts als blasse holländische Glashausware oder aus Spanien angelieferte, noch nicht zu Ende gereifte Rispen. In jeder kleinen Pension auf dem Lande bekamen wir zum Frühstück das wunderbare selbstgemachte Joghurt serviert, das die Bulgaren einst sogar erfunden haben sollen, aber in den Supermärkten dieses reichen armen Landes fand sich kein einziges bulgarisches Joghurt, dafür stapelten sich überall die Becher von Danone, die zum selben Preis wie bei uns zuhause angeboten wurden. Wir wunderten uns, wie das angehen konnte, dass die billigeren und besseren Früchte des eigenen Landes nirgendwo in den Supermärkten zu finden waren und sich trotzdem so viele Leute, die dafür das Geld gar nicht haben konnten, in den Filialen von Lidl, Billa, Carrefour drängelten.

Der Tankwart hieß Atanas und schien uns, kaum dass wir bei ihm gegessen hatten, nicht mehr als seine Kunden, sondern fast als Freunde zu betrachten. Als ich so weit gekommen war, dass er meine Frage verstand, schüttelte er über mein Unwissen das Haupt: Ja, wo sollten die Leute denn zu den günstigen bulgarischen Waren kommen? Gewiss, viele Städter hatten noch eine alte Mutter oder einen Onkel auf dem Land, und am Wochenende fuhr die halbe Republik hinaus in die Dörfer, um sich beim Clan, der in winzigen Gärten intensive Landwirtschaft betrieb, für die ganze Woche einzudecken, und genauso taten es auch die Besitzer der kleinen Gastwirtschaften und Pensionen. Wer aber keine Verwandten auf dem Land oder sich mit ihnen überworfen hatte, dem blieben für die bulgarischen Waren nur die Tausenden rostender Kioske und wackeliger Bretterbuden, die, illegal errichtet, übers ganze Land verteilt waren; und bis man, vom einen zum anderen Kiosk suchend, seinen Einkauf für den Tag erledigt hatte, verging so viel Zeit, wie die meisten Bulgaren, die ihr Auskommen mit zwei oder drei Jobs erwirtschaften mussten, gar nicht hatten. Darum fiel es ihnen nicht schwer, das Land zu erobern, den Kaufhausketten aus dem Westen, in denen um westliche Preise westliche Waren an die Kunden aus dem Osten verkauft wurden.

Die Straße zog sich von Gabrovo in vielen Kehren auf den Šipka-Pass über tausend Meter hinauf. Für mitteleuropäische Automobilisten, denen die Alpen, Dolomiten oder Karpaten das Maß bilden, war das Balkangebirge keine Herausforderung. Als wir oben ankamen, sahen wir die Kolonnen der Patrioten, die von der Passstraße abbogen, noch einen Kilometer weiterfuhren und dann zu Fuß die neunhundert Treppen hinaufstiegen, um das gigantische Denkmal zu Ehren der russischen Soldaten zu besuchen – der russischen Soldaten des Jahres 1878, die den Bulgaren zum Sieg über die osmanische Militärmacht verholfen hatten, nicht der sowjetischen des Zweiten Weltkriegs, in dem Bulgarien erst spät die Seiten gewechselt und die Allianz mit Nazideutschland aufgegeben hatte. Wir hatten keine Lust, ergriffen und unbedeutend vor einem weiteren überlebensgroßen Monument zu stehen, so entbehrungsreich die Brigaden der Jungarbeiter auch geschuftet hatten, um die gewaltige Anlage in die unwegsame Natur zu setzen. Wir wollten auch nicht haltmachen, als wir durch Kalofer, am Südhang des Balkangebirges, kamen, die Geburtsstadt Hristo Botevs, der, kilometerweit zu sehen, über seinem Dorf auf einem Hügel thronte, meterhoch alles überragend, was hier an Häusern, Kirchen, Türmen je gebaut worden war. Der Dichtermärtyrer Botev verfügte über Leidenschaft und Mut, Sprachgewalt und Überzeugungskraft, aber über keine gesellschaftliche Utopie, die darüber hinausgegangen wäre, die Osmanen zu vertreiben, die Bauern zu entlasten, einen Nationalstaat zu gründen.

Darin war ihm der ältere, 1873 mit 37 Jahren hingerichtete Wassil Lewski zweifellos voraus, der in Kalofer zur Schule gegangen und orthodoxer Mönch geworden war, das Kloster verließ und jahrelang durch das Land wanderte, um überall revolutionäre Zellen zu gründen. Zum Unterschied von fast allen Revolutionären träumte er nicht davon, dass ein Aufstand die Großmächte, allen voran Russland, bewegen werde, ihre vereinten Christenheere gegen die muslimische Vormacht aufzubieten, sondern von der bulgarischen Selbstbefreiung. Er, der entsprungene Mönch, propagierte die im laizistischen Frankreich verfassten Menschenrechte, er, der orthodoxe Geistliche, verlangte die Gleichberechtigung der Juden und Türken im künftigen Bulgarien. Auf den Porträts, die sich von ihm erhalten haben, ist ein schmaler, bartloser Mann mit zurückgekämmtem hellem Haar, einem konzentrierten, in sich gekehrten Blick zu sehen, keiner dieser vollbärtigen kernigen Haudegen, die verwegene Miene für die Ewigkeit machten. Als er sich auf die Reise durch Bulgarien begab, um ein Untergrundnetz aufzubauen, nahm er ein Notizbuch mit, in das er täglich seine Beobachtungen und Gedanken eintrug. Diese Aufzeichnungen sind von ewiger Gültigkeit, würde mir später in Sofia die Dichterin Fedia Filkova sagen, die Wassil Lewski für die zentrale Figur, die einzige ohne jeden Abstrich vorbildhafte Gestalt der bulgarischen Geschichte hielt.

7

Wir waren ziellos durch die auf einen Hügel gebaute Altstadt von Plovdiv gezogen, ein Freilichtmuseum, das von wenigen Menschen bewohnt, von vielen bestaunt wird, und im Auf und Ab der Straßen, die von fremdartig schönen Häusern gesäumt, aber desolat gepflastert waren, wurden wir so müde, dass wir uns gegenüber der Kirche Sveti Konstantin und Elena auf die Stufen eines Hauses setzten. Unweit von hier durchstieß das Hisar-Tor die meterdicke Festungsmauer gegen Osten, von wo im Fernhandel über Jahrhunderte die Waren angeliefert wurden, die Plovdiv weiter gegen den Norden und Westen Europas verschickte. An einer Kreuzung alter Handelsrouten gelegen, hat Plovdiv viele Namen gehabt und viele Völker gesehen, und wenn heute irgendwo in der Stadt die Kanalrohre erneuert werden oder ein Haus in Planung steht, dann beginnen für die Eigentümer und den Stadtmagistrat bange Zeiten. Denn wo immer man hier zu graben beginnt, gibt der Boden Dinge frei, die er für Jahrhunderte, Jahrtausende geborgen hatte, und dann treten die Bauarbeiter ab und die Archäologen an. Wird eine Straße aufgerissen, damit Kabel verlegt werden, kommen mit dem Lehm von 2500 Jahren beklebte thrakische Münzen, Spangen, Schmuckstücke zutage; planen Investoren in der Fußgängerzone ein Einkaufszentrum, dann wird bei den Arbeiten zur Unterkellerung ein verzweigtes Mauer- und

Gängewerk aufgefunden, das zu dem riesigen römischen Stadion gehört, welches zu Zeiten von Marc Aurel errichtet wurde und 30 000 Zusehern Platz bot. Immer wieder führten unsere Wege vor tiefe Aushübe, in denen die Schichtungen der Zivilisation sichtbar wurden, von den Thrakern über die Römer zu den Byzantinern, Osmanen … Mir schien, dies wäre die anschauliche Lehre von Plovdiv: dass die Geschichte auf den Knochen zahlloser Generationen aufgebaut ist.

Manchmal spuckt die Geschichte wieder aus, was sie unter Verschluss gehalten hat. Am Vortag war ich mit Mladen Vlashki unterwegs gewesen, einem Gelehrten von breit gestreutem Wissen, der seine Stadt wie kaum ein anderer kannte und, weil er sie liebte, oft mit ihr hadern musste. In dem lichten, von früh bis spät belebten Park, den vor langem ein Schweizer Gartenarchitekt in der Nähe des Hauptplatzes angelegt hat, nahmen wir bei einem grünschwarz aufgeschossenen Eukalyptusbaum Platz, und Mladen, ein Mann in meinem Alter, groß, stattlich, mit einem kräftigen grauen Bart und dunkel umrandeten Augen, fasste mich fest in den Blick, als er mir die Geschichte von Rayko Aleksiev zu erzählen begann. Der Publizist, Satiriker, Herausgeber von Zeitschriften war 1945 ohne erkennbare Gründe von der Darjavna Sigurnost, dem kommunistischen Sicherheitsdienst, entführt worden. Seine Frau suchte ihn überall, sie ging von Amt zu Amt, fuhr zum offiziell gar nicht existierenden Lager Belene, bat seine literarischen Weggefährten wie seine Feinde verzweifelt um Hilfe und Fürsprache und brachte damit doch nur diese und sich selber an den Rand des Abgrunds. Sie weigerte sich, an seinen Tod zu glauben, bis sie, ein Jahr später, die Eröffnung einer Ausstellung besuchte und dort dem Tod begegnete, dem Tod in Gestalt des Malers und Kulturfunktionärs Krum Kvuljakov, der zwischen den Kunstwerken stand und die Lederjacke ihres Mannes trug. Da wusste sie, Rayko musste tot sein und Kvuljakov die Jacke entweder von diesem selber in einem Gefängnis geerbt haben oder von denen, die ihn getötet hatten, mit ihr belohnt worden sein. Oder aber, wie sie später überzeugt war und heute die überzeugt sind, die sich mit den vertuschten und vergessenen Verbrechen jener Ära beschäftigen, er hat Aleksiev mit Duldung oder Auftrag der Behörden eigenhändig ermordet.

Nirgendwo ließ sich besser studieren als in Plovdiv, wie es den Bulgaren gelang, dem Mangel Schönheit abzugewinnen. Die Straßen waren eng, aber die Häuser, von denen sie gesäumt wurden, diese weißen, roten, rosafarbenen und blauen Bürgerhäuser aus der Ära der bulgarischen Wiedergeburt, waren großzügig und hatten alle jenen statisch ungewöhnlichen Aufbau, wie ich ihn noch nirgendwo auf der Welt gesehen hatte: Das Erdgeschoß war von der Straße einen, zwei Meter zurückversetzt und machte diese dadurch breiter, die Etage darüber, auf Holzpfeilern schräg abgestützt, ragte weiter in die Straße herein, und das Stockwerk darüber, sofern vorhanden, wölbte sich noch einmal ein kleines Stück weiter als das darunterliegende über die Straße. Mladen hatte mir erklärt, dass diese so originelle Architektur, die die Häuser nach oben hin immer breiter machte, dem Platzmangel zu verdanken war, der die Architekten in den gedrängten, oft an einem Berghang liegenden bulgarischen Städten zu erfindungsreichen Lösungen nötigte. Die Straßen waren eng, und in Plovdiv durften sie nur dann zu beiden Seiten bebaut werden, wenn zwei Fuhrwerke aneinander vorbeikamen, darum wurde die funktionale Lösung gefunden, die Häuser entgegen dem architektonischen Normalfall unten schmäler zu halten und so die Straße breiter werden zu lassen. Die Altstadt von Plovdiv war aus lauter solchen schmucken Straßen gefügt, in denen die Architekten aus Not eine Form ausprobierten, deren Schönheit bald erkannt und später selbst dort angestrebt wurde, wo Baugrund genug vorhanden war.

Wir saßen träge in unseren Gedanken verfangen auf den Treppen gegenüber der Kirche und hatten gar nicht richtig bemerkt, dass zwei alte Herren neben uns Platz genommen hatten. Sie trugen Cowboyhüte und Hawaiihemden, zwei schelmische weißhaarige Greise, der eine mit einer gewaltigen, fleischig wuchernden Nase, der andere mit herrlichen Segelohren, beide mit einem abgeklärten Lächeln im Gesicht. Es stellte sich heraus, dass sie, kaum dass 1990 dazu die Möglichkeit bestand, in die USA ausgewandert waren, dort noch fünfzehn Jahre gearbeitet hatten, als Arbeiter in Fabriken, und vor ein paar Jahren nach Plovdiv zurückkehrten, wo sie sich die doppelte, indes zweifach geringe Pension aufbesserten, indem sie hier jeden Tag zwei, drei Stunden musizierten. Sie standen auf, ganz lässige amerikanische Folks, schalteten einen winzigen Verstärker ein, in den sie die Stecker ihrer Elektrogitarren steckten, und spielten und sangen mit bulgarischem Timbre amerikanische Schlager in der Art von Simon & Garfunkels schmeichelzahmen Liedern. In ihrer Kostümierung und mit ihrem selbstironischen Lächeln waren sie ein liebenswürdig amüsantes Duo, das kein Hauch von Lächerlichkeit umwehte; die zwei Männer, die aus Dörfern in der Umgebung von Plovdiv stammten, bis zu ihrem fünfzigsten Jahr aus der Gegend nicht herauskamen und dann in Amerika alle paar Jahre den Wohnort wechselten, immer dem besseren Lohn folgend, beendeten ihre berufliche Laufbahn in ihrer Heimatstadt als lässige Straßenmusikanten.

Mladen hatte mir erzählt, dass es Plovdiv war und nicht etwa Sofia oder Veliko Tarnovo, wo die erste Druckerei und der erste Verlag Bulgariens gegründet wurden. Das riss eine leise in mir schwärende Wunde auf, hatte ich doch keinen bulgarischen Verlag mehr, während Anfang der neunziger Jahre, als ich noch am Anfang stand, gleich zwei Bücher von mir ins Bulgarische übersetzt und von einem Verlag veröffentlicht wurden, der seinen Sitz ebenfalls in Plovdiv hatte. Die Übersetzerin Anna Dimova hatte mir damals seitenlange Listen mit Fragen geschickt, wie ich jene Textstelle meinte und ob man diese Passage, dieses Wort so oder so zu verstehen habe. Seriös wie kaum eine andere seither ist sie es angegangen, meine Sätze in einer anderen Sprache neu erstehen zu lassen, aber nach und nach wurden ihre Briefe seltener, und endlich war die Verbindung gänzlich erloschen. Von dem Verleger, mit dem mich fast schon etwas wie Freundschaft verband, hörte ich nichts mehr, außer dass er keine Bücher mehr verlegte, sondern dazu übergegangen war, selber welche zu schreiben. Als ich Mladen mit der gebührenden Verbitterung davon erzählte, winkte er ab: Ach, Bücher spielten in Bulgarien ohnedies keine Rolle mehr, selbst die wichtigsten Autoren des Landes hatten Auflagen von weniger als tausend Exemplaren, und überhaupt, seitdem alles veröffentlicht werden durfte und keine literaturpolizeiliche Zensur mehr ausgeübt wurde, wäre es nur noch Dreck, mit dem sich Geld verdienen ließe.

Mladen hatte mir auf dem Hauptplatz das Hochhaus des Zentralkomitees der Kommunistischen Partei gezeigt und erzählt, dass er vor 25 Jahren hier mit Abertausenden Demonstranten gestanden sei und tagelang gegen die Glasfronten gebrüllt habe, von der Freude erfüllt, dass sie alle es wagten, die so lange unangreifbare Macht zu verhöhnen. Sosehr ich auch darauf erpicht war, etwas von den guten Seiten, den sozialen oder kulturellen Errungenschaften der kommunistischen Ära zu hören, weigerte er sich doch stur, mir darin zu willfahren, der bulgarische Kommunismus war für ihn eine einzige, nie abreißende Kette von Unterdrückung, Angst, Verrat. Wie er jetzt davon sprach, dass die Literatur im Kapitalismus Wert und Würde verloren habe, klang es jedoch fast, als trauerte er jener Welt von gestern nach, in der Bücher mitunter verboten wurden, aber gerade die verbotenen Bücher enorme Bedeutung für zahllose Menschen gewannen, während heute keine Bücher mehr verboten, nur einfach keine mehr gedruckt wurden, die sich kommerziell nicht rechneten.

Am Abend waren Mladen und ich gestern im Gastgarten eines armenischen Restaurants eingekehrt, mit dessen redseligem Wirt er befreundet war, und ich versuchte die Trinkgewohnheiten der Einheimischen nachzuahmen, indem ich das dicke Glas, das bis oben mit Schnaps gefüllt war, lange in der Hand drehte, um davon immer nur zu nippen. Tatsächlich brachte auch ich es auf diese Weise zuwege, den ganzen Abend Schnaps zu trinken, ohne dass sich die Gedanken verwirrt hätten, es war, als tränke ich mich, indem ich es so bedächtig tat wie Mladen, mit jedem zweiten Glas wieder nüchterner, in einem stundenlangen Schaukeln zwischen Ernüchterung und Trunkenheit. Unter all dem literarischen Mist, so erklärte er mir die Typologie der schlechten Bücher, gab es schlechte schlechte und schlechte bessere Bücher, gehobenen Mist gewissermaßen, originellen Schund. Dabei dachte er vor allem an die Bücher, die ein gebildeter wie affektierter Dandy namens Hristo Kalchev veröffentlichte, der ein eigenes Genre, den »Vulgarroman«, erfunden hatte, für das er aber auch ebenso schlüssig den Titel »Bulgarroman« hätte verwenden können. Es handelte sich dabei um eine Serie investigativer Romane, die im Mafia-Milieu spielten, wobei einige eitle Mafiabosse die sie entlarvenden, aber auf verquere Weise zugleich verherrlichenden Enthüllungskrimis vermutlich selbst in Auftrag gaben. In den Vulgarromanen wurde zweierlei behauptet: dass das Verbrechen die Geschäftsgrundlage des Kapitalismus und die Mafia folglich eine Stütze des Staates sei; und dass es innerhalb der Mafia die böse gute Mafia und die böse böse Mafia gibt. Die bösen guten Mafiosi waren im bulgarischen, die bösen bösen im russischen Kartell organisiert. In diesen vielgelesenen Romanen wird der bulgarische Staat einerseits als Besitz der Mafia entlarvt, andererseits das Verbrechen als soziale Notwendigkeit und staatliche Normalität inthronisiert. Der Kampf zwischen den patriotischen und den ausländischen Mafiosi endet stets mit Zwischensiegen der guten Bösen, die wachsam bleiben müssen, weil die bösen Bösen niemals aufgeben werden. Wer nicht will, dass das absolut Böse über Bulgarien herrsche, muss sich auf die Seite der guten Bösen schlagen, dies ist die Lehre, die den Bulgaren in diesen vulgären Heimatromanen gewiesen wird.

8

Stolipinovo ist ein Stadtviertel von Plovdiv und liegt doch auf einem anderen Stern. Südlich der die Stadt durchquerenden Mariza gelegen, umfasst es eine Fläche von 1,5 Quadratkilometern und wird von rund 50 000 Menschen bewohnt, im Sommer können es auch 15 000 weniger und im Winter 15 000 mehr sein. Genau weiß das niemand, denn Stolipinovo ist das Revier der Roma, genauer, der größte Roma-Slum Europas. 1971 entstand auf seinem Gelände eine große Plattenbau-Siedlung, nicht besser oder schlechter als viele andere, und in jener Ära lebten dort keine Angehörigen verschiedener Volksgruppen, sondern Proletarier unter Proletariern, die nationale Ressentiments gegeneinander hegen mochten, diese aber nur periodisch bekunden durften. Unter Verdacht gerieten die Roma von Stolipinovo damals nicht, weil sie Roma, sondern weil sie mehrheitlich Muslime waren und untereinander nicht Bulgarisch, aber auch nicht Romanes, sondern Türkisch sprachen. Das ist auch heute noch so, da die meisten von ihnen keine türkischen Namen mehr tragen, sondern bulgarische, die ihnen nach etlichen Kampagnen des bulgarischen Chauvinismus, mit denen die Kommunistische Partei von der desaströsen Lage im Land ablenken wollte, amtlich verpasst wurden. Der soziale und architektonische Zerfall der Siedlung setzte bald nach der politischen Wende von 1989 ein: Die Plattenbauten begannen zu bröckeln, kommunale Investitionen wurden keine mehr getätigt, die Roma, bis dahin allesamt in Anstellung, wurden aus den abgewrackten Staatsbetrieben entlassen, und die Bulgaren suchten, sobald sie konnten, das Weite. Zwischen den einstmals weißen Wohnblöcken schossen behelfsmäßige Hütten aus Holz und Blech, Container, Buden, provisorische Bauten wie für die Ewigkeit aus dem Morast.

Es war nicht schwer, mit den Leuten von Stolipinovo ins Gespräch zu kommen. Wie in jedem Slum, den ich gesehen hatte, lebten auch in diesem Menschen, die nichts so sehr ersehnten, als Fremde, die es hierher zu ihnen verschlagen hatte, auf ihre unhaltbare Lage hinzuweisen, ihnen das Elend zu zeigen, in das ihre Siedlung geraten war, und von ihrem schweren Los und ihrer über halb Europa verstreuten Familie zu berichten. Stolipinovo war keiner jener Slums, wie ich sie aus dem Osten der Slowakei kannte, deren Bewohner, abgestumpft und apathisch, sich ihrem Schicksal ergeben hatten. Die Armut war zwar auch hier unübersehbar, und zahllose Menschen schienen ausschließlich damit beschäftigt zu sein, in Gruppen herumzustehen und den Tag nur irgendwie herumzubringen. Aber Stolipinovo hatte noch nicht aufgegeben: Da gab es Händler, die auf ihren Leiterwagen Obst anboten, und andere, die aus der Türkei vielerlei Dinge des alltäglichen Bedarfs geschmuggelt hatten und nun in ihrer Stadt verkauften, da gab es Schlosser, die in den sozialistischen Kombinaten einen sicheren Arbeitsplatz hatten und nun aus Altmetall, das von wer weiß wo herbeigekarrt wurde, etwas herzustellen versuchten, was sich verwenden und verkaufen ließe, da gab es Imbissbuden, um die sich die Leute trinkend, rauchend, lamentierend scharten, und hier wurde auch noch geheiratet und gefeiert, denn allein an diesem Tag gerieten wir in zwei Hochzeitszüge von tanzenden Männern, Frauen, Kindern, die ausgelassen mit Musikbegleitung durch ihr Viertel zogen und dabei einen enormen Krach erzeugten. Wir erfuhren, dass die Brautleute nur zur Hochzeit in ihre Stadt zurückgekehrt waren. Halb Stolipinovo lebte anderswo, in Belgien, England, Deutschland, manche Leute brachten es dort zu regulären Anstellungen, andere verdingten sich als Tagelöhner, Leih- oder Schwarzarbeiter, wieder andere kauerten als Bettler auf den Straßen, und viele Frauen verkauften sich in für sie namenlosen Städten als Prostituierte. Mit ihrer Arbeit in der Fremde trugen sie alle dazu bei, dass das Leben zuhause irgendwie weiterging, denn ohne das Geld, das sie nach Stolipinovo schickten, würde das ganze Stadtviertel vermutlich bereits zusammengefallen sein.

Das Wesen des Slums ist seine Unsichtbarkeit, und seine unsichtbaren Grenzen sind unüberwindbar. Stolipinovo wird gut frequentiert von der Internationale der NGOs, aber geradezu panisch gemieden von den Einwohnern Plovdivs selbst. Wenn es um das Elend der Roma in den Ländern Osteuropas geht, wird auch von wohlmeinenden Leuten oft eine Falschmeldung verbreitet, dass der verfolgten Volksgruppe nämlich nur eines helfen und den Weg zur Emanzipation weisen könne: Bildung, Bildung und nochmals Bildung. Tatsächlich gibt es in Stolipinovo Tausende Jugendliche, die nur über geringe schulische und gar keine berufliche Ausbildung verfügen. Aber nicht nur sie, auch ihre wenigen Altersgenossen, die nach der Pflichtschule ein Gymnasium besucht und abgeschlossen haben, sind ohne Arbeit. Sogar die gezählten Akademiker, die es tatsächlich geschafft haben, als Roma ein Studium zu absolvieren, haben damit keinen echten sozialen Aufstieg geschafft, bleiben sie doch selbst als Anwälte, Soziologen, Architekten ausschließlich auf die eigenen Kreise, auf die Gesellschaft der Roma verwiesen, weil sie weder im staatlichen noch im privaten Sektor ein ihrer Ausbildung angemessenes Betätigungsfeld finden.

Die Roma von Plovdiv sind unsichtbar, man sieht sie nicht in den städtischen Bussen, Parks oder Gasthäusern, sie sind dazu verdammt, unter sich zu bleiben, im Ghetto. Die einzigen Roma von Plovdiv, denen es gewährt wird, sichtbar zu werden, sind in den uniformierten Brigaden der Männer und Frauen unterwegs, die die Straßen kehren, das Laub von den Wegen im Park rechen, den Müll verladen und wegbringen; das sind jene Roma, von denen manche Einheimische, die ihnen von der Parkbank oder vom Kaffeehaustisch beim Arbeiten zuschauen, behaupten, sie hätten ihren Job der unverständlich generösen Politik der Stadtverwaltung zu verdanken, welche die Roma mit gutbezahlten Arbeitsstellen verwöhnt. Ich dachte in Plovdiv manchmal an einen Autor, der hier aufgewachsen ist und dessen Roman »Engelszungen« zum Besten gehört, was die österreichische Literatur in den letzten Jahrzehnten hervorgebracht hat, an Dimitré Dinev, der einst als illegaler Flüchtling nach Österreich gelangte, später ein schmales Buch über die »Barmherzigkeit« veröffentlichte und seit Jahren tapfer für die auf den österreichischen Straßen kauernden Bettler einsteht, von denen nicht wenige aus seiner alten Heimat stammen.

Drei Tage später saßen wir abends auf einer Bank in Blagoevgrad, einer Stadt unweit der Grenze zu Griechenland im Süden und Mazedonien im Westen, die in keinem Reiseführer erwähnt wird. Dabei hat Blagoevgrad 80 000 Einwohner, zwei Universitäten, interessante Bauwerke und eine Geschichte, die bemerkenswert ist. Nach langem Suchen hatten wir ein Hotel an einem Hügel gefunden und waren über ein laut dahinschießendes Flüsschen in das Stadtviertel Varosha geraten, das alte Viertel der Christen; knapp fünfzehn Gehminuten entfernt schloss sich ihm das türkische Viertel an, mit einer nicht nur unauffälligen, sondern geradezu unansehnlichen Moschee, die dennoch das spirituelle Zentrum der Pomaken darstellte, der bulgarischen Muslime. Über viele Jahrhunderte war dies eine orientalische Stadt gewesen, man merkte es noch daran, dass die alten Kirchen ein paar Meter unterhalb des Straßenniveaus versenkt waren, weil sie die Moscheen nicht an Höhe übertreffen durften. Erst zur Zeit der bulgarischen Wiedergeburt zogen aus Griechenland und Mazedonien so viele ägäische Bulgaren zu, dass in der Stadt mit dem osmanischen Namen Cuma-i Bala die Christen die Mehrheit stellten; und erst 1950 erhielt sie zu Ehren von Dimităr Blagoev, dem aus Mazedonien stammenden Mitbegründer der Kommunistischen Partei, ihren heutigen Namen.

Jetzt waren der großzügige Hauptplatz von Varosha und die umliegenden Gassen gegen zehn Uhr abends so belebt, dass ich unvermittelt ein mediterranes Lebensgefühl verspürte. Tatsächlich gab es hier so viele Pizzerien wie in einer italienischen Kleinstadt, an jeder Ecke wurde Eis angeboten, und mitten auf den Platz war eine Art Lunapark in Miniatur gesetzt: Dort hoppelten überlebensgroße Tiere aus Stoff, Plastik und Elektronik herum, auf denen die Kinder von Blagoevgrad ritten, da summten die Motoren der Mini-Gokarts, mit denen eine kurze Strecke fahren zu dürfen die Kinder ihre Eltern oder Großeltern anbettelten, und überall gab es etwas zu bestaunen, auszuprobieren, zu erstehen. Alles drehte sich hier um die Kinder einer Stadt in der südbulgarischen Provinz, von der ich bis vor wenigen Wochen nicht einmal den Namen gekannt hatte, um diese entzückenden, verwöhnten Kinder, die von ihren Großmüttern getätschelt, den Großvätern auf die Tiere gehoben, den Vätern angewiesen wurden, wie sie die Fahrt mit dem Gokart am besten bewerkstelligen sollten, aus der Ferne angefeuert von ihren Müttern, die erschöpft auf Bänken saßen. Wie in Italien waren die Kinder auch hier hübsch für den Ausgang zurechtgemacht worden, sie hatten weiße oder blaue kurze Hosen an, steckten in kurzärmeligen gebügelten Hemden oder geblümten Sommerkleidchen und trugen die neuen Stoffschuhe. Der ganze Ort bot das bewegte Bild urbaner Ausgelassenheit, einer lebensfrohen Eintracht von Menschen, die das kleine große Vergnügen des Sommerabends zu genießen wussten. Als wir den Platz mit seinem Rummel, mit den vollbesetzten Straßencafés und Restaurants verließen, mit den Lampions und Luftballons, dem Karussell und Kinderjubel, sahen wir im Dunkel eines Eckhauses die anderen Kinder der Stadt: Sie kauerten, halbnackt, dicht aneinandergedrängt, an der Hauswand und lugten vorsichtig, damit sie niemand verscheuche, auf den Platz, auf dem ihre Altersgenossen, die niemals ihre Spielgefährten werden würden, das selbstverständliche Glück ihrer Kindheit genossen.

9

Wir waren schon vier Tage in Sofia, bis wir endlich an der zugigen Kreuzung des Vasil-Levski-Boulevards, einer der Ringstraßen der Hauptstadt, und der vielbefahrenen, ins Zentrum führenden Knyaz Aleksander Dondukow die »Wiener Konditorei« entdeckten. Das Café hatte keine einzige Wiener Mehlspeise auf der Karte, die Möblierung war landesüblich, mit klebrigen Plastiktischen und -sesseln im Freien und ein wenig industriell gefertigtem Plüsch im Inneren, und niemand sprach hier auch nur ein Wort Deutsch, um uns zu erklären, wie dieses Lokal zu seinem Namen gekommen war, auch nicht die unverzagt freundlichen Kellner, die keineswegs wie manche ihrer Wiener Kollegen darin wetteiferten, ein affektiert mürrisches Schauspiel zu bieten. Nein, einer rief den anderen, bis sie alle um uns standen und debattierten, wie wir am besten zu einem

Ort an der Peripherie der großen Stadt gelangen konnten, den sie alle noch nie gesehen und von dem sie offenbar auch nichts gehört hatten.

Auf ihren Rat gingen wir zuerst den Boulevard hinauf, vorbei an der Nationalbibliothek und der ehrwürdigen Universität Kyrill und Method, bis wir auf einen Garten stießen, in dessen Schatten das Mausoleum des Alexander von Battenberg lag. Die Großmächte hatten, nachdem Bulgarien 1878 neu erstanden war, dem jungen Staat vorsichtshalber einen Fürsten verpasst, der nicht vom heimischen Militäradel, sondern vom Haus Hessen-Darmstadt abstammte und so mit dem russischen Zaren sowie der halben europäischen Hocharistokratie verwandt war. Der junge Mann wusste anfangs nicht so recht, ob er den mächtigen Alleinherrscher oder den vom Volk gewählten nationalen Fürsten geben sollte, identifizierte sich aber nach und nach mit seinem Job, lernte Bulgarisch, vollzog die Vereinigung der unter osmanischer Herrschaft stehenden Provinz Ostrumelien mit dem Mutterland und begann eher die bulgarischen als die russischen Interessen zu verfechten, sodass er vom Zaren wieder von jenem Thron entfernt wurde, auf den ihn dieser neun Jahre zuvor gesetzt hatte. Alexander von Battenberg ist in der bulgarischen Mythologie nicht vergessen, ihm kommt die Rolle des jugendlichen Liebhabers zu, der sich in die exotische Fremde verliebte und vom bösen Vormund verjagt wurde, um erst als Toter zurückzukehren. Sein wahres Heldenstück bot Alexander von Battenberg, als er bereits gestürzt war. Er hat sich nämlich nicht auf dem Landsitz irgendeines Verwandten mit seinesgleichen zu Tode gelangweilt, sondern die steirische Operettensängerin Johanna Loisinger geheiratet, mit der er zwei Kinder zeugte und bis zu seinem frühen Tod in Graz lebte, ein bulgarischer Fürst, heroisch abgedankt ins steirische Familienglück.

Gegenüber dem Battenberg-Mausoleum, über das ein dösender Pensionist in einem völlig kahlen Wärterhäuschen wachte, erblickten wir in einem weitläufigen Park ein monumentales Denkmal. Es war vierzig Meter hoch, ein sich nach oben verjüngender Pfeiler, an dessen Spitze ein Rotarmist die Kalaschnikow triumphierend in den Himmel reckte, während ein Arbeiter und eine Bäuerin sich schutzsuchend an ihn schmiegten. Am breiten Sockel des Monumentes war auf drei Seiten die ruhmreiche Geschichte der Roten Armee im Relief dichtgedrängter Kämpfer dargestellt. Das Monument wurde 1954 errichtet, die breiten gepflasterten Wege waren als Aufmarschroute für die Brigaden der nimmermüden Arbeiter und Soldaten angelegt. Schon lange wurde um das der Roten Armee gewidmete Denkmal heftig gestritten. Denn Bulgarien war gar nicht befreit worden, im Lande standen, als die Rote Armee im September 1944 einmarschierte, keine fremden Truppen, und es hatte schon zuvor den Seitenwechsel vollzogen, die Allianz mit Deutschland aufgekündigt, alle diskriminierenden Gesetzte aufgehoben – und die Juden, auch in den Jahren davor, vor Deportation geschützt. Während die Rote Armee anderswo die Wehrmacht besiegte und die Mordbrigaden der SS und ihrer Kollaborateure zerschlug, gab es in Bulgarien für sie niemanden zu besiegen und militärisch nichts zu befreien. Viele Bulgaren meinten daher, dass mit diesem Monument nicht Befreiern, sondern Okkupanten gehuldigt wurde, die ein bis dahin unbesetztes Land besetzten und es bis 1989 nicht aus den Klauen ihrer brüderlichen Vormacht entließen. Daher wurde 1993 vom Stadtrat beschlossen, das Denkmal abzutragen oder zu sprengen, ein amtlicher Vorsatz, der aus Gründen, die kein Sofioter kennt, niemals umgesetzt wurde.

Seit ein paar Jahren geht es nun immer gleich: Über Nacht erklimmen gewitzte Jugendliche und Mitglieder klandestiner Künstlergruppen das Denkmal und bemalen die Figuren am Sockel mit verschiedenen Farben: einmal alles in Rosa, dann wird die zentrale Gestalt des politischen Kommissars zum comicartigen Batman umgefärbelt, ein andermal werden den Kriegern – als Reverenz an die Frauen von Pussy Riot – gehäkelte Mützen übergestülpt. Anderntags rücken kommunale Säuberungstrupps an, die, verspottet von den Jugendlichen, die dem sich wiederholenden Schauspiel beiwohnen, die Farben wieder abwaschen, die wollenen Mützen entsorgen, das Denkmal in seinen alten Stand setzen. Die Dichterin Fedia Filkova sagte mir, sie wünschte, dass es gerade so weitergehen möge: grundfalsch, das Denkmal zu demontieren und so die gespaltene Erinnerung an das, was es repräsentierte, aus dem nationalen Gedächtnis zu tilgen; ebenso falsch, wenn die Jugendlichen resignierten und aufhörten, das Denkmal immer wieder neu auf Zeit zu verändern. So gut konnte es gar nicht bewacht werden, dass nicht jedes Jahr, wenn des Einmarsches zu gedenken war, mit dem die Truppen des Warschauer Pakts dem Prager Frühling ein blutiges Ende bereiteten – und zwar auf Vorschlag der bulgarischen Kommunisten –, das Monument mit den tschechischen Nationalfarben bemalt und dem Spruch behängt würde: »Bulgarien entschuldigt sich.«

Von diesem Platz, darauf hatten sich die Kellner in der »Wiener Konditorei« geeinigt, war es nicht weit zu einer U-Bahnstation, von der wir stadtauswärts fahren sollten. Wir staunten über die Eleganz dieser blitzsauberen silbernen Waggons mit ihren grünen Streifen, stiegen bei einer Station aus, die den Namen des legendären kommunistischen Führers Georgi Dimitrow trug, und traten auf den ihm gewidmeten Boulevard hinaus, über den in mehreren Spuren die Autos donnerten. Mitten in ein großes Wohnquartier aus Plattenbauten waren hier Brachen geschlagen worden, aus denen jetzt die Monumentalbauten der neuen Ära aus dem Boden schossen, Banken, die Zentralen von Versicherungen und internationalen Handelshäusern, eine Shoppingmall, und irgendwo dazwischen fanden wir ihn nach langem Suchen doch, von dem keiner der Passanten uns zu sagen wusste, wo er lag: den großen Skulpturenpark mit seinem angeschlossenen »Museum der totalitären Kunst«. Hundert oder zweihundert Kolosse standen in einem mit Stacheldraht umzäunten Gelände traurig beieinander, lauter Helden der kommunistischen Ära, alle in Überlebensgröße, aus Stein gehauen, aus Kupfer gegossen, fast ein jeder die Hand, die Faust erhoben und den Blick grimmig in eine bessere Zukunft gerichtet, zu der es nicht mehr kam. Lenin mit Mütze, aber keiner aus Wolle, Stalin, Todor Živkov, alle in der fast gleichen Pose, ihre in Wahrheit oft kleinen, zerbrechlichen Körper massiv, als wären sie Athleten, die den Sozialismus in der Kraftkammer erlernten, und immer schien ihre ganze Persönlichkeit auf die Weite und in die Zukunft orientiert, nie schaute einer nur vor sich hin oder in sich hinein oder in die nähere Umgebung, immer fiel der Blick weit über diese hinaus in die namenlose Zukunft der Menschheit.

Was für ein beklemmender Anblick: die ausrangierte Zukunft, umgeben von auftrumpfender Gegenwart! Die mächtigen Gestalten aus Stein und Metall, so wuchtig und bizarr sie waren, wirkten mickrig, denn um den Skulpturenpark ragten die Paläste der neuen Herren, die sich selbst in Glas und Beton huldigten: der Wolkenkratzer der Fibank, die Einkaufsmall, ein Büroturm, alles protzig und ohne architektonische Idee errichtet außer der, dass der Kapitalismus, der den Kommunismus besiegt hatte, diesen an Monumentalität übertreffen musste, um seinen Sieg sinnfällig im Stadtbild zu erweisen. Inmitten der berühmten Kämpfer, die aus allen Landesteilen hierher verfrachtet wurden, entdeckten wir die mannshohe Figur eines namenlosen »Helden der Arbeit«, der weniger stolz als auf sympathische Weise etwas ratlos dreinschaute. Er immerhin blickte dem Betrachter ins Auge, und dabei ließ er die beiden Arme nach unten hängen, die Hände nach vorne gedreht und geöffnet, nicht als wollte er sagen: Seht her, was ich geleistet habe, sondern fragen: Also, was jetzt? Weiß irgendwer, wie es weitergehen soll?

10

Mitten in Sofia führt von einer Sackgasse, der Budapeshta, eine Treppe mit drei Kehren etwa acht Höhenmeter hinauf, an deren Ende hinter einem Stück Rasen die Moskovska beginnt, eine Straße, die gerade auf die Alexander-Newski-Kathedrale, das größte Gotteshaus der Stadt, und den vor ihr liegenden Platz zuführt. Auf dieser Treppe, die ich alle Tage hinauf- und hinunterstieg und die mich ein wenig an die Strudlhofstiege von Wien erinnerte, deren arme Cousine sie hätte sein können, mit schadhaften, eingebrochenen Stufen, geschah es, dass ich, die Tritte vorsichtig setzend, mit der Hand am wackeligen Geländer entlangstreifend, von einer alten Dame überholt wurde, der ich den Weg mit einem unbedachten »Bitte« überließ. Sie trug in beiden Händen Einkaufstaschen, aus denen allerlei Gemüse und zwei Stangen Brot ragten, war adrett gekleidet und schritt, mit der Treppe vermutlich schon viele Jahre vertraut, kräftig und sicher hinauf. Vor der letzten Kehre trat sie unachtsam in jene Vertiefung der dort aufgerissenen und absplitternden Bodenplatte, über die ich in den Tagen davor immer vorsichtig gestiegen war, und strauchelte. Nicht, dass sie der Länge nach hingeknallt wäre oder sich verletzt hätte, aber sie war doch auf dem rechten Knie gelandet und hatte dabei eine Tasche ausgeleert, sodass nun Äpfel, Zwiebeln, Kartoffeln die Treppen abwärts sprangen. Ich beeilte mich, sie einzusammeln, und brachte sie der Dame, die sich wieder erhoben hatte und gar nicht verlegen den Staub von ihrem sommerhellen Kostüm klopfte. Ihr schmales Gesicht war von langen, über die Ohren in den Nacken gespannten grauen Haaren eingefasst, und hinter ihren randlosen Brillen blitzten zwei hellgrüne Augen. Als wir ihre Dinge wieder in der Einkaufstasche verstaut hatten, schaute sie mich an und sagte in akzentfreiem Deutsch: »Entschuldigen Sie, dass hier alles so ausschaut. Es ist eine Schande, wir wissen das selbst.«

Ihr Verdikt hatte sich auf den Zustand der Treppenanlage bezogen, aber galt sicher auch den Schlaglöchern, den jäh aufgebogenen Stücken Asphalt auf fast allen Gehsteigen und Straßen ihrer Stadt, durch die man sich zu Fuß nur mit aufmerksamer Vorsicht bewegen konnte. Die Dame hatte in Ostberlin studiert, in Plovdiv unterrichtet und in Sofia ein technisches Forschungsinstitut geleitet, von dem ich nicht genau verstand, worum es sich handelte. Liebenswürdig parlierte sie, als wir oben angekommen waren, noch ein wenig mit mir, eine Dame, die wusste, dass zur Kultur auch die Konversation gehörte, die Fähigkeit und Bereitschaft, mit Unbekannten ein paar leicht dahingesprochene Sätze zu wechseln, Interesse an ihren Interessen zu bekunden und ihnen ein paar eigene Meinungen mehr anzudeuten als mitzuteilen. Als sie mich verabschiedete, hatte ich den Eindruck, als würde ich huldvoll von ihr entlassen werden, und dabei gab sie mir einen Satz mit, den ich in Österreich noch nie gehört hatte: »Ich hoffe, bei Ihnen zuhause gibt es mehr Gemeinsinn als bei uns.«

Mir fiel ein, dass ich zuhause in einem jener Rankings, die heute für alles erstellt werden, gelesen hatte, dass die Bulgaren die unglücklichsten Europäer wären. Ich konnte mir das nicht vorstellen, weil ich in den Romanen des dänischen Erzählers Peer Hultberg gelesen hatte, dass die unglücklichsten Europäer zweifellos die Dänen wären, die in diesem Ranking in der Zeitung seltsamerweise jedoch als die glücklichsten Menschen des Kontinents ausgewiesen wurden, und ich hatte ja auch in Bulgarien so viele verschmitzte, mit Selbstironie begabte Menschen getroffen. Aber der Gemeinsinn – was für ein Wort, in Österreich und erst in Bulgarien!

Von der Moskovska aus konnten wir uns das Stadtzentrum leicht erschließen, das von einigen großen Boulevards mit ihren repräsentativen Gebäuden durchschnitten wird, sich häufig zu Parks weitet und in deren kleineren Straßen und Gassen die urbane Entwicklung einprägsam zu studieren war: Da verfielen Gebäude vom Ende des 19. Jahrhunderts, die in jeder Stadt der Welt unter Denkmalschutz stehen würden, auf geradezu dramatische Weise – bis auf einen einzigen Stock, etwa den vierten, in dem die Fassade restauriert und dem Ensemble ein völlig unpassender verglaster Balkon hinzugefügt worden war. Ausgerechnet der Kommunismus hatte Sofia zu einer Stadt aus lauter Eigentümern von Klein- und Kleinstwohnungen gemacht, und ausgerechnet er hatte den Leuten dabei jeden Sinn für das allgemeine Eigentum, den öffentlichen Raum, die gemeinsame Verantwortung völlig ausgetrieben.

Die Häuser wurden jetzt nicht nach Verhandlungen aller Hausparteien, nach Plan und gemeinsamer Vereinbarung saniert, sondern wild durcheinander. Wer genug Geld hatte, ließ ein Gerüst aufstellen, um seinen eigenen Stock in Schuss zu bringen, das darauf sofort wieder abgebaut wurde. So bot das Stadtbild pittoreske Ansichten: hier ein Haus, bei dem sich auf die Auslagen eines Luxusgeschäfts drei, vier bröckelnde Etagen türmten, dort ein Gebäude, auf deren behelfsmäßig mit eisernen Balken abgestützte untere Stockwerke ein ausgebauter Dachboden in Nobelausfertigung gesetzt war. Überall in Sofia war diese Ungleichzeitigkeit zu bemerken, und damit wir uns über sie nicht ärgerten, beobachteten wir schadenfroh, dass auch die teuersten Autos auf brüchigem Asphalt dahinbrettern mussten und also immerhin als Verkehrsmittel, wenn auch nicht als Statussymbol der Neureichen völlig vergeudet waren.

Aber häufiger als in den meisten Metropolen Europas – und Sofia war nicht einfach das Verwaltungs- und Kulturzentrum seines Landes, sondern unverkennbar eine echte Metropole – konnte man hier auch Zeugnissen der anderen, der glücklichen Ungleichzeitigkeit begegnen: Sofia hat fünfzehn große, nie versiegende Mineralquellen, aus denen heißes Heilwasser schießt. Schon die Römer schätzten die Quellen, in denen heute das gesunde Wasser aus einer Tiefe zutage tritt, in die die Schwermetalle und Gifte der Industrie noch nicht abgesunken sind. In fast jedem Stadtviertel gibt es einen solchen Brunnen, aus dem die Leute ihr Mineralwasser holen, und die größte Anlage mit dem besten Wasser, das die Hydrologen aller Welt untersucht und zur Kostbarkeit erklärt haben, steht in der Altstadt, in einem Revier, das von der großen Synagoge, der Moschee Banja Baši, dem uralten Kirchlein Petka Samardzhiyska und dem alten Zentralbad begrenzt wird. Mittendrin steht eine ausgedehnte Anlage mit insgesamt 42 Wasserhähnen, aus denen unablässig, 24 Stunden am Tag, 365 Tage im Jahr, das beständig 46 Grad heiße Wasser der Heilquellen schießt. Halb Sofia, die Gastwirte und die Hausfrauen, die Obdachlosen, Pensionisten, Studentinnen, die Kranken wie die Gesunden, die Alten und die Jungen, die Durstigen und die Vorausschauenden stellen sich hier an, in der allergrößten Friedfertigkeit, die kein Vordrängen kennt, und füllen ihre kleinen Flaschen und großen Zehnliterkanister mit dem Wasser, an dem sich die Sofioter seit Menschengedenken unentgeltlich bedienen können. Noch nie wäre jemand in dieser Stadt, in der so vieles privatisiert wurde, selbst das, was besser in kommunalem Eigentum geblieben wäre, auf die für die Sofioter abstruse Idee verfallen, den allgemeinen Zugang zu den Wasserquellen zu reglementieren oder gar aus dem natürlichen Reichtum der Stadt eine Quelle privaten Verdienstes zu machen. Wir standen am frühen Vormittag, zu Mittag und einmal gegen Mitternacht vor diesem sozialen Wunderwerk mit den Wasserhähnen, die in einem weiß-rot karierten Stein verankert waren, und immer waren Leute da, die sich hier ihr Wasser holten.

Anderswo mag Nestlé mit Erfolg daran arbeiten, den Bewohnern armer, despotisch regierter Länder noch ihren einzigen natürlichen Reichtum zu rauben, das Wasser, um es später an sie zu verkaufen, in Sofia bleibt sogar das hochqualitative Heilwasser im gemeinsamen Eigentum der Einwohner. Und merkwürdig, das Treiben um die Wasserquellen war geschäftig, aber zeugte zugleich von zivilisatorischer Gesittung: Nicht, dass einer gedrängelt hätte, der nur gerade ein paar Schluck nehmen wollte, er wartete geduldig, bis der alte Mann seine zwei Kanister, mit denen er die nächsten vier, fünf Tage seinen Durst stillen würde, damit fertig war, sie zu füllen. Die Überzeugung, dass immerhin das gesunde Wasser allen gehöre, ist den Sofiotern wie eingeboren, wie aus einer fernen Zeit ragt in die raue von heute ein Gemeinsinn herein, der den Menschen anderswo längst ausgetrieben wurde.

Ein paar Tage später wurde ich von einem Popen, mit dem ich unweit dieser Stätte, in einem Straßencafé in der Exarch-Jossif-Straße ins Gespräch gekommen war und dem ich begeistert erzählt hatte, wie gut mir dieses Geviert der Kirchen und des in der Restaurierung leider steckengebliebenen alten Badehauses gefallen hatte, gefragt, was ich aus rein architektonischen Gesichtspunkten zur Synagoge und zum Badehaus zu sagen wüsste. Ehe ich mich, ein Dilettant in diesen Fragen, um eine ernsthafte Einschätzung schwindeln hätte können, ermahnte mich der bärtige Lokalhistoriker in seinem schweren schwarzen Habit, dass mich doch beide Gebäude mit Stolz erfüllen müssten. Denn sie stammten von jenem Architekten, der von Russe und Widin an der Donau bis nach Sofia unzählige Bauwerke in der Ära der bulgarischen Wiedergeburt errichtet und einen eigenen, das Land prägenden Stil erfunden

habe, in dem sich orientalische Ornamente, bulgarische Volks-
architektur, Wiener Moderne verbanden: Und der geniale
Mann war immerhin Österreicher, hieß Friedrich Grünanger
und ist freilich bis heute in Bulgarien, seiner angenommenen
Lebenswelt, bekannter als in Österreich. Zuhause versuchte ich
mich zu informieren und bekam heraus, dass Grünanger im
Alter ausgerechnet in meine Stadt übersiedelt war, dort noch
eine Villa an der Salzach baute und, ein Architekt, den die Bulgaren für einen der ihren halten und die Österreicher kaum
kennen, 1929 in Salzburg gestorben ist.

II

Fedia Filkova ist eine bedeutende Dichterin, aber am schönsten lässt es sich mit ihr über die gewöhnlichen Dinge des All-
tags reden. Ich hatte vor zwanzig Jahren öfter mit ihr zu tun, als
sie mit dem Slawisten Alois Woldan eine Sammlung mit neuer
bulgarischer Dichtung für meine Literaturzeitschrift zusam-
menstellte, und sie hatte sich seither, außer dass zwanzig Jahre
vergangen und mit mir auch alle anderen Leute gealtert waren,
kaum verändert. Sie sprach noch immer leise und eindringlich,
hatte ein Lachen, das von Abertausenden Zigaretten kehlig geworden war, und schien immer traurig und heiter zugleich zu
sein. In ihrem neuesten Buch, das sie uns im Café zeigte, hatte
sie zwischen die Gedichte amtlich abgestempelte Skizzen ihrer Wohnung gesetzt sowie Protokolle der Sigurnost. Durch
diese Sofioter Wohnung waren eines Tages in den neunziger
Jahren Pistolenkugeln gesaust. Fedia wusste bis heute nicht,
ob sie abgegeben wurden, um sie einzuschüchtern oder ihren
Mann, den Dichter Nikolaj Kantchev zu töten, einen Kritiker
der alten wie der neuen bulgarischen Verhängnisse. Die Protokolle, die dem Band beigefügt waren, betrafen eine Ange-

legenheit, die Fedia den Boden unter den Füßen weggezogen hatte. Als sie ihre Geheimdienst-Akte endlich zu Gesicht bekam, fand sich darin nicht nur der genaue Plan ihrer Wohnung, sondern auch ein Konvolut mit peniblen Berichten, die eine enge Freundin für den Geheimdienst über sie, ihren Ehemann, ihre Freunde, Arbeits- und Urlaubspläne verfasst hatte, nicht nur ein paar Wochen oder Monate lang, sondern über viele Jahre. Fedia zeigte uns den in bibliophiler Aufmachung gestalteten Band, als wären die Lageskizzen ihrer Wohnung kleine Kunstwerke und die Zeugnisse des Verrats literarische Werke – und ein bewegendes Dokument ihres Lebens mit Nikolaj Kantchev, der, fünfzehn Jahre älter als sie, 2007 gestorben war, ist dieses merkwürdige Buch jedenfalls.

Wir saßen auf der Terrasse eines kleinen Cafés in der Ulitsa Graf Ignatiev, die mir von allen Straßen der Innenstadt die liebste war, und tranken frisch gepressten Orangensaft, wie man ihn überall in Bulgarien erhält und dessen Genuss mir, ich weiß nicht, warum, stets sogleich eine Gänsehaut an den Unterarmen aufzieht. Schnurgerade schneidet die Ignatiev mit den Schienen der Straßenbahn fast durch die ganze Innenstadt, eine belebte Straße, auf der sich bis spät in die Nacht nicht das laute, aber das gesellige Leben der Großstadt entfaltet. Wenige Meter von unserem Café entfernt begann auf unserer Seite der Bücherflohmarkt, der sich über viele Marktstände und Buden hinzog; hier wurden die sowjetischen Klassiker in den vom Volk längst ignorierten prächtigen Volksausgaben von vorgestern angeboten, die bulgarischen Autoren des sozialistischen Realismus, die europäische Literatur des 19. Jahrhunderts in Übersetzungen und Originalen, dann die zerfledderten, auf billigem Papier gesetzten Bücher neueren Datums, Schund und Philosophie, Esoterik und Technik, Museumskataloge, Comics … Einige Buchhändler wirkten wie verkrachte Künstler, die ihr Brot auf der Straße verdienen mussten, andere wie Bauern, die statt mit etlichen Säcken Kartoffeln eben mit Kisten voller Bücher in die Stadt geschickt worden waren. Auf der anderen Seite der Straße, durch die alle drei, vier Minuten die Straßenbahn rasselte, reihten sich die Buden, in denen die übrig gebliebene Reizwäsche der fünfziger Jahre, Bikinis vom Vorjahr und Socken, Strümpfe, Unterhosen in allen Größen und Farben aufgelegt waren; dann folgten die Stände mit Salat, Obst, roten und schwarzen Beeren, Gemüse, Blumen, und dann die alten krummbeinigen Frauen mit ihren Kopftüchern, die gerade nur ein paar Büschel Lavendel oder Gewürze in der Hand hielten.

Nach dem zweiten Glas Orangensaft begann Fedia mich streng zu examinieren. Ob ich wohl den Frauenmarkt besichtigt hatte? Ja, unweit von Moschee, Badehaus und Synagoge waren wir zuerst auf einen modernen Markt mit neuen Hallen gestoßen und dann in das Gewirr eines älteren Marktes geraten, auf dem, wie uns schien, bedürftige Händler um bedürftige Käufer buhlten. Gemüse, süße Strudel, fette, scharfe Würste und geviertelte Lämmer, die schon den halben Tag in der Sonne ranzten, mussten an den Mann gebracht werden, und im Schatten der Buden saßen gutgelaunte Roma, die ungeniert Stangen geschmuggelter oder gefälschter Marlboro anboten. Nein, die Stelle, an der zu Fedias Schulzeit das riesige Mausoleum Georgi Dimitrows stand, vor dem sich das ganze Jahr über die Schlangen der abkommandierten Schüler wanden und das in den neunziger Jahren gesprengt wurde, hatte ich nicht entdeckt; aber an Denkmälern, aufgestellten, abgeholten, umgefärbelten, in die Luft gesprengten, hatte ich mich ohnedies schon müde geschaut. Ja, im Hausmuseum des Nationaldichters Ivan Vazov war ich natürlich gewesen, in einem alten Haus in der nach ihm benannten Straße. Den größten Eindruck hatte mir darin die freundliche Führerin gemacht, eine bunte Frau mit roten Haaren, grüner Bluse, violettem

Rock, einer Halskette mit großen vielfärbigen Holzkugeln, bei der es sich um die Dichterin Mirela Ivanova handelte, die psalmodierend die einzelnen Exponate erklärte und dabei in konzentrierter Andacht den Kopf in den Nacken legte und die Augen schloss. Ihre Arbeit im Museum, mit der sie ihre Existenz als Lyrikerin bestritt, bezeichnete sie als Privileg und Strafe, und dabei öffnete sie ihre Augen und lachte ausgelassen auf vor Freude über diese Formulierung.

Nein, die Schwarze Moschee war mir noch nicht aufgefallen. Dabei war sie gar nicht weit von unserem Café entfernt, ein wenig zurückversetzt von der Straße stand sie in einem Park, einst eine Moschee, heute eine orthodoxe Kirche mit heller Fassade. Als ich sie mir später anschaute, staunte ich über die fast vollständige Finsternis, die dort herrschte, und dass man in ihr auf einem Parkettboden, nicht auf Marmor oder Stein schritt. In dieser Kirche, die den heiligen Sedmochislenitsi gewidmet ist, hatte sich Fedia, obwohl sie immer noch unreligiös war und an keine der Verheißungen und Tröstungen der Religionen glaubte, nach dem Tod ihres geliebten Nikolaj taufen lassen, weil er selbst ein gläubiger orthodoxer Christ gewesen war. Nach langer eindringlicher Befragung entließ mich Fedia mit dem anerkennenden Urteil, dass ich mich in ihrer Stadt fleißig umgesehen hatte, und ich verabschiedete mich von ihr im Gefühl, mit ihrer Stadt noch lange zu keinem Ende gekommen zu sein und daher eines Tages nach Sofia zurückkehren zu müssen.

Ich ging dann noch die Graf-Ignatiev-Straße entlang und fand auf einem kleinen Platz eine Bank, die frei war. Es war wieder schwül geworden, und als ich zwischen den hohen Häusern hinaufschaute, sah ich schwere, graue Wolken, die über den Himmel von Sofia zogen. Nach einiger Zeit bemerkte ich, dass mir gegenüber, keine zehn Meter entfernt, ein Vater und sein Sohn saßen. Der grünschwarze Vater, groß, würdevoll, wuchtig, mit strenger Miene, der Sohn schmäler, das Gesicht leicht gehoben, als würde er die Sonne suchen, die Hand auf dem linken Bein abgestützt. Das waren Petko und Penčo Slavejkov, der Vater ein führender Geist der nationalen Wiedergeburt, der für das Volk allerlei nationalpädagogische Ideale verfocht, der 1912 gestorbene Sohn hingegen einer der ersten modernen Dichter des Landes, der von der pädagogischen Mission der Künste nichts mehr wissen wollte, sondern auf die Ästhetik als große Lehrerin der Menschheit setzte. Zwei ganz irdische Gestalten, so hatte der Bildhauer die beiden nationalen Heroen auf dieses hübsche Plätzchen gesetzt, zwei Männer, die einen Sonntagsspaziergang unternahmen, ein wenig Rast einlegten, jeder in seine Gedanken versunken und doch zueinander gehörig. Das rechte Bein des Sohnes war abgewetzt und starrte nicht in schwarzem, von grünem Span durchsetzten Metall, sondern glänzte golden. Viele Leute, die in den vergangenen Jahren vorbeibekommen waren, mussten es getätschelt oder auf ihm selber ein wenig gerastet haben, und das ist am Ende doch vielleicht das beste, was man mit einem Monument machen kann.

Danksagung und Hinweise

Mein Dank gilt Horea Balomiri (Chişinău), Andy Jelčić (Zagreb) und Janina Dragostinova (Sofia/Wien), die mich auf manchen Irrtum und Fehler in meinem Manuskript aufmerksam gemacht haben; und Rainer Bahnmüller (Klosterneuburg), der seit Jahren beruflich in Moldawien, Bulgarien und anderen Ländern des Balkans als Wassertechniker unterwegs ist und mir viele Hinweise über das Leben in der abgehängten Provinz Europas gegeben hat.

Anregungen habe ich aus vielen Büchern empfangen, die ich oft schon Jahrzehnte vor, aber auch während oder nach meinen Reisen gelesen habe und die ich im Einzelnen gar nicht mehr aufführen kann. Erwähnt seien:

Klaus Bochmann, Vasile Dumbrava, Dietmar Müller, Victoria Reinhardt (Hrsg.): Die Republik Moldau. Ein Handbuch. Leipzig 2012.

Deutscher Akademischer Austauschdient (Hrsg.): Klein, aber fein! Die Republik Moldau. Chişinău 2013 (ein nützlicher Reiseführer, verfasst von Studierenden für Studierende).

Frieder Monzer, Timo Ulrichs: Moldova. Berlin 2013 (ein besonders gelungenes Buch aus der populären Reihe des Trescher Verlags).

*

Agneš Ozer: Jedna novosadska priča. Nemci našeg grada/Eine Neusatzer Geschichte. Die Deutschen unserer Stadt. Novi Sad 2008.

Lelja Dobrović: Zagreb. Zagreb 1985 (hier wird das Stadtbild mitsamt den damals üblichen Straßennamen vor dem Zerfall Jugoslawiens gegenwärtig).

Memorijalni prostor Bele i Miroslava Krleže. Zagreb 2001 (ein Führer durch die Krleža-Gedenkstätte in seinem letzten Haus).

Uwe Mauch: Zagreb. Berlin 2011.

*

Marie-Christine Lercher, Annegret Middeke (Hrsg.): Wider Raster und Schranken. Deutschland–Bulgarien–Österreich in der gegenseitigen Wahrnehmung. Göttingen 2006.

Thomas Frahm: Die beiden Hälften der Walnuss. Ein Deutscher in Bulgarien. Duisburg 2014.

*

Katrin Klingan, Ines Kappert: Sprung in die Stadt – Chişinău, Sofia, Pristina, Sarajewo, Warschau, Zagreb, Ljubljana. Köln 2006.

Das Gedicht von Ina Jun-Broda ist ihrer Lyrik-Sammlung »Der Dichter in der Barbarei« entnommen, erschienen 1950 in Wien im Jungbrunnen-Verlag.

Das Gedicht von Hristo Botev ist in der Übersetzung von Klaus Detlef Olof und Valeria Jäger aus dem Band »Das Buch der Ränder. Bulgarien: Lyrik« zitiert, das Nikolaj Kancev herausgegeben hat. Klagenfurt/Celovec 1997.